U0798525

Understanding Decision-making Processes in Airline Operations Control

理解航空公司运行控制中的决策过程

彼得 · J. 布鲁斯(Peter J.Bruce)◎著

于 航◎译

中国工人出版社

前言

本书旨在帮助读者理解在应对干扰的时候，航空公司的运行控制中心是如何以及因何作决策的。目前有一些优秀的书籍涉及了航空公司网络设计和调度，以及运行干扰管理方面的内容。读者可以参考这些书籍来获取有关航空公司运行控制中心的更多信息（例如 Wu，2010 和 Bazagan，2004）。其他书籍则更关注干扰对经济和财务的影响，以及信息处理管理和系统方面（例如 Rapajic，2009）。从某种意义上讲，《理解航空公司运行控制中的决策过程》可以被视为处理航空公司调度和运行有关的书籍（这些书籍试图解释运行控制人员在面对干扰时是如何进行决策的）的补充。本书有别于其他书籍的地方在于它更侧重于研究支撑 OCC 基本决策过程的人的方面。我们希望本书能够告诉读者以前的书籍当中没有提到的关于干扰管理当中的重要组成部分。

本书的读者是已经在 OCC 内直接参与运行控制的大量从业人员，以及关注航空公司运行控制方面教学或学习的学者和学生。对于从业人员来说，特别是 OCC 的管理人员或主管，以及 OCC 的工作人员，将 OCC 管理和航空公司人力资源部门的研究结论和推断作为指南，对于遴选新的运行控制人员，以及培训在职的运行控制人员来说是有用的。没有研究表明 OCC 在进行决策时考虑“人”的方面，而来自航空公司 OCC 的证据也表明这是一个长期被忽略并且需要投入大量研究的领域。因此，本书对于那些对此感兴趣的读者来说是有帮助的。

本书的作者在国内一家航空公司主要从事运行控制工作，具有超过 16 年的丰富工作经验。这使得本书的作者已经非常接近本书的研究主题，其研究成果也具有一定的可信度。正是这一重要经验，使人们能够充分认识 OOC 每天所面临的问题，同时有助于解释本书后面所阐述的研究成果，并且用有实际意义的方式来解释和传达结果。事实上，如果没有遇到大量的干扰情况，也没有亲自进行过 OCC 干扰管理，那么就不可能拥有用于描述理解相关过程的深层次的知识，也不会拥有对解决方案背后的问题多样性和复杂性的思考。

本书分为两个主要部分。第一部分重点介绍航空公司运行，特别是运行控制中心的背景知识，及其对航空公司绩效和运行效率的相关性和重要性。本部分的大部分内容提供了理论框架，为理解第二部分所描述的内容研究奠定基础。

第一章介绍了 OCC 的功能和职责范围。考虑到之前的研究工作没有涉及该部分内容，而该部分内容正好能够使读者认识到 OCC 在进行决策时所要考虑的方方面面。

第二章探讨了决策过程的理论基础，及其在 OCC 中的重要性和相关性。

第三章介绍了决策风格的两种关键类型：一种是理性的或经典的风格，另一种是直觉的风格。在本研究中，有趣的部分是在管理干扰时，运行控制人员在何种程度上使用一种或两种方法。研究人员调查人们作决策的方式也集中在一种叫作自然决策的方法（NDM）上；在自然主义环境下的决策研究也是在 OCC 的决策过程中所讨论的。

第四章从高度依赖模型的角度介绍了情景意识，解释了情景意识在决策过程中的重要性，以及阐述了将情景意识与决策联系起来的合理性。

第五章讨论了在航空领域特别是在 OCC 方面专业知识的重要性。值得注意的是，定义专业知识的方式以及如何提高新手的表现以产生预期的结果，通常是由专家来完成的。

本书的第二部分描述了一个全面的研究，该研究是通过调查一些运行控制中心的运行控制人员的决策过程来实施的。第六章介绍了研究的设计过程，以及研究参与人员的人群统计特征和专业特征。第七章和第八章分别给出了国际和国内的研究结果。最后，第九章将主要主题和结果汇总在一起，并为在该领域开展进一步的研究提供了一些指导。

作者衷心感谢参与研究的运行控制中心的管理层允许作者不受限制地访问其中心的人员、资源和设施，也真诚地感谢愿意参加这项研究并可能乐在其中的 OCC 的运行控制人员。必须为他们愿意在休息日进入办公室，敞开心扉，以研究的名义自由表达自己的想法表示赞赏。在个人层面上，作者特别感谢朱迪·盖瑞副教授的专业指导，感谢巴里·克莱齐，大卫·琼斯和约翰·琼斯在建立研究和提供有价值的反馈方面给予的帮助。最后，如果没有家人的爱和支持，这样的工作永远无法实现其目标，我非常感谢苏、马修和杰西卡的持续关怀和鼓励。

彼得 J. 布鲁斯 博士

斯威本航空，澳大利亚，墨尔本，2011 年 9 月

译者序

在航空业中，当面对突发情况或干扰时，通常需要运行人员根据具体情况做出决策，以恢复运行或将对运行的影响降至最低。决策过程是一个比较复杂的过程，它涉及具体的运行环境和限制条件，以及运行人员的资质和经验。

在航空业中研究运行人员的决策过程，其研究对象多为飞行人员和空中交通管制员，很少有研究直接将OCC的运行控制人员作为研究对象。作为航空公司的神经中枢，OCC处于核心位置。OCC的主要职能是计划和协调干扰管理流程，以达到在有效利用资产和最大限度地降低成本的同时来实现网络准时性和服务好客户。OCC区域是一个高度复杂、动态且快节奏的环境，由OCC运行控制人员做出的决策有助于干扰的恢复。很明显，在这种环境下的决策是至关重要的，因此任何对决策过程的改进都可能使OCC更有效地管理干扰。

近年来，由于OCC运行控制人员责任原因的不安全事件也时有发生，弄清楚OCC运行控制人员的决策过程，对于降低相应的不安全事件发生的几率也是有益的。很幸运的是，译者发现了这本专门讲OCC运行控制人员决策过程的书。

全书的内容比较详实，既有有关决策的基本理论的介绍，也有对情景意识在认知和决策过程中的作用的描述，还有专业知识在决策过程中重要性的解释。更难得的是该书作者布鲁斯博士曾经在OCC工作多年，具有相当丰富的运行经验，所以该书是真正意义上的理论与实践相结合的著作。也正是这样，在全书后半部分的实验设计部分，作者充分考虑了OCC的运行特点，采用了“有声思维报告”的方式来研究OCC运行控制人员的决策过程。这种方法既不会干扰实际运行，也不会出现信息采集准确度不高的情况。作者还考虑了国内运行和国际运行的差异，并对这两种情况分别进行了研究。其研究结果，对于

OCC 有效管理干扰、培训运行控制人员是有一定指导意义的。

全书一共九章，由中国民航管理干部学院的于航博士翻译并校对。由于译者水平有限，如有不妥之处，欢迎广大读者批评改正。

2020 年 5 月于北京

CONTENTS

目　录

第一篇

背景与基础理论

第一章　导言

航空业

航空业是一个令人兴奋、充满挑战的行业。它不断地发展壮大，并时刻应对无数的压力。在这一行业中，安全是第一位的，并且受到全面和规范的标准、实践和指南的管控。尽管航空公司的运行受到了安全运行思想的影响，但是航空公司也在关键的经济利润率范围内运行，因此优化资源利用率和控制成本最小化是必要的。航空业的一个重要特征是它的不可预测性，这经常会导致计划被干扰、产生额外费用和乘客不满意等问题。为了应对这些运行干扰，必须作出减缓干扰影响的决策，而经过正确决策之后所取得的最佳结果会使航空公司继续存续。当然，糟糕的运行决策可能会造成严重后果。

运行控制中心

世界上没有任何两家航空公司具有完全一致的计划安排。每个航空公司都会设计自己的计划网络并据此运行。对该网络的管理是航空公司运行的核心。作为航空公司的神经中枢，运行控制中心（OCC）处于核心的位置。OCC 的主要职能是计划和协调干扰管理流程，以达到在有效利用资产和最大限度降低成本的同时来实现网络准时性和服务好客户。OCC 区域是一个高度复杂、动态且快节奏的环境，由 OCC 运行控制人员作出的决策有助于干扰的恢复。很明显，在这种环境下的决策是至关重要的，因此任何对决策过程的改进都可能使 OCC 更有效地管理干扰。

OCC 提供了计划的航班时刻表，反映了订票乘客的期望，并确定了航空公司运行所依据的参数。时刻表表明了航空公司运行的每一个计划航班的始发地和目的地，以及日期和时间。OCC 的主要职责在于在某一特定的运行时期内实现对航班的控制。在国际运行中，这种控制可能会持续几天。然而，在国内运行中，控制通常在一个自然日内。OCC 的主要职能是确保航空公司的运行尽可能地按照计划的时刻表来执行。这是通过监视航班进程，识别潜在的或实际存在的运行问题，并采取纠正措施应对干扰来实现的。

运行控制中心可能在位置、物理结构和组成方面有所不同。根据航空公司的规模，该中心可能位于航空公司总部所在的城市或机场。OCC 可能仅由一组负责协调和控制航班活动的决策者组成。一般来说，如果 OCC 的规模足够大，可以包括飞行员和客舱乘务员席位、工程席位、飞行签派席位、机场职能部门席位、各种商业和客户服务席位以及与空中交通管制和气象部门的联络席位。包含这些席位的中心就是众所周知的航空公司运行控制中心（AOCC）、综合运行控制中心（IOCC）或网络运行控制中心（NOCC）。为了表述清晰和一致，本书统称该中心为 OCC。

OCC 中的干扰管理

由于衡量航空公司的价值和可信度方面的关键指标之一是旅客满意度，而旅客对航空公司的忠诚度则取决于航班的准时性，所以目前来说，航空公司比以往任何时候都更加强调按照计划时刻运行的重要性。然而，由于各种原因，例如不利的天气条件、航班维修问题、空中交通流量和空中拥堵、机组问题，以及许多其他原因，航空公司经常面临运行干扰。就旅行的公众而言，干扰意味着他们要经历航班延误、取消或备降，而部分干扰恢复还可能涉及衔接航班的飞机机型选择，安排必要的调机飞行，或者安排乘客改签。

OCC 的运行控制人员需要采取一系列行动，以便航空公司能够迅速从这些干扰中恢复过来。然而，无论是发生单一的干扰还是同时发生多个干扰，都是非常复杂的。干扰恢复，往往需要在巨大的时间压力下完成。这就要求 OCC 的运行控制人员迅速而准确地作出决策。鉴于这些挑战，本书第二部分描述的研究调查了 OCC 运行控制人员如何执行决策过程。

决策过程

图 1.1 展示了第二部分中关于总体决策过程的研究重点。该模型表明，决

策阶段是根据若干步骤预测的，包括问题识别、决策注意事项的识别和加权以及备选方案的生成。该模型还指出，决策制定过程仅在可能作出决策的时候进行考察，并且不包括对所作实际决策的分析。这是因为OCC中的问题通常具有多种解决方案，所有这些解决方案可能都是可行且可接受的。因此，研究的重点主要集中在能够作出决策的个人决策过程上，同时考虑在大量决策中作出选择以及比较决策选择的有限价值。

以往关于决策的研究集中在人们在各种情况下作出决策的方式以及决策有效性的改善程度。由于信息不完整或不准确，往往需要迅速作出决策的环境越来越复杂和难懂，因此理解、开发和增强决策过程的需求也不断增加。这些环境下的决策需要精确，因为糟糕的决策造成的后果往往代价巨大。

在航空业中，大家认识到了决策的重要性，尤其是飞行员和空中交通管制员的决策过程。直到最近，OCC的决策才引起了大家的关注。然而，这个决策环境是极端紧张的，决策的结果是至关重要的。

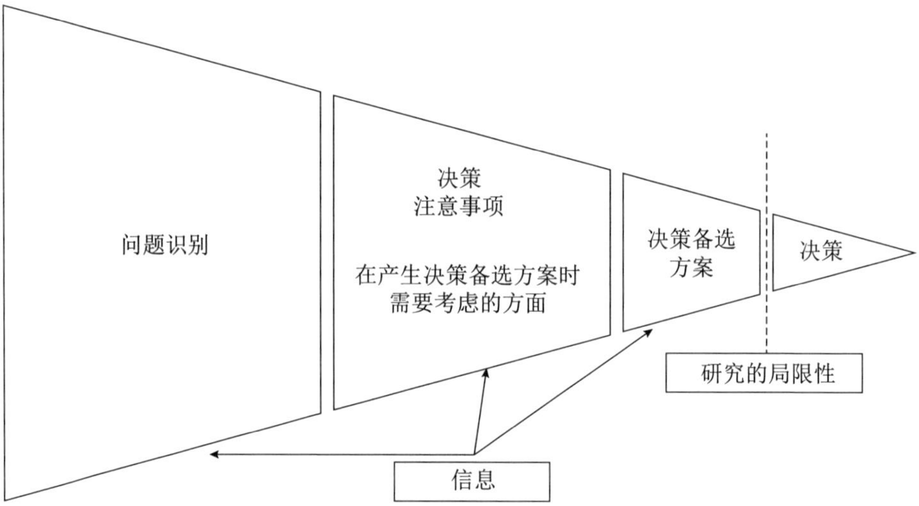

图 1.1　在总体决策过程中的研究重点

与OCC有关的研究集中在干扰恢复策略上，其大部分涉及计算机建模和分析。基于计算机系统提供信息和有限的决策支持来协助运行控制人员。但由于问题的复杂性，在有限的时间进行快速决策的要求，以及模糊或不完整的信息限制了这些系统的实用性。换句话说，这些系统无法应对严重、单一干扰的复杂性，更不用说应对不可避免的同时发生的多个问题所带来的复杂性。此外，这些模型没有考虑到个体运行控制人员的决策过程。然而，作为应对情况的新颖性和复杂性的一种手段，人的干预对 OCC 决策过程至关重要。这可能有助于解释为什么目前 OCC 运行控制人员的做法是人工处理干扰恢复，而不是依赖基于计算机的系统。目前，似乎很少有调查运行控制人员决策过程的研究，但是确定这些过程可能会有助于航空公司改善 OCC 的决策。本书的第二部分通过研究 OCC 中的情景意识、信息完整性、经验、专业知识、决策考虑和决策选择之间的关系来考虑这些过程。

本章小结

本章简要介绍了航空公司运行控制中心及其主要职能，传达了在这样一个高度复杂且不断变化的环境中，高效管理干扰的重要性，而其中人的决策过程对于航班正常运行至关重要。

第二章　决策

导　言

决策是航空业许多关键活动的基础。尽管许多研究已经研究了飞行员和空中交通管制员的决策，但很少有研究涉及 OCC 运行控制人员的决策过程。然而，OCC 高效、及时和准确的决策对于航空公司的运行和商业上的成功至关重要。本章解释了决策的重要性和相关性，并研究了决策产生过程中的影响因素，即情景意识、信息完整性、决策风格、经验、专业知识和时间。

决策的定义

决策被定义为“致力于产生令人满意的行动方针”（Yates，Veinott 和 Patalano 2003：15）以及“有意和深思熟虑的选择以回应感知到的需求”（Kleindorfer，Kunreuther 和 Schoemaker，1993：3）。在航空公司 OCC 中，决策是监控航班动态和对运行干扰作出反应的过程，目的是提高航班的准时性，降低运行成本并提高客户满意度。显然，OCC 环境中的决策对航空公司运行的方方面面都至关重要。

决策的重要性

长期以来，决策过程一直被认为是最重要和最普遍的活动之一，因为它影响着许多日常的活动。因此，源于渴望了解人们是如何在各种情景下进行决策的以及是如何提高决策有效性的，开展了大量与决策相关的研究。决策环境的日益复杂和难懂激发了理解、发展和支持有效决策的需求。当然，能够更好地推动理解决策过程的部分原因是让人们认识到糟糕的决策所带来的后果。

为了满足这些需求，大量的研究调查了决策及其与不确定性、歧义和风险、选择、判断、经验和专业知识之间的关系。大部分研究都有一个明确的共同目标，即改进决策过程，识别与决策过程相关的因素和维度，最终改善决策结果。这项研究也使专家们对决策过程有了更深入的了解。在许多学科或领域中，决策被认为是高度复杂的，对任务和诸如专业知识、时间和信息等领域因素是敏感的。航空业的决策也具有这些特征。

航空业的决策

在航空业中，大量的研究已经研究了旅游和航空政策、航空公司盈利能力、航空公司服务质量绩效、收入管理和航空业务服务营销等方面的决策过程。然而，航空决策的研究主要侧重于商业和军事飞行员以及空中交通管制员的决策，其中大部分都是与安全方面有关的决策。这是因为飞行员和空中交通管制员需要在信息模糊、时间紧迫的情况下作出准确、明智的决策，一旦决策出现问题，糟糕的决策可能会引发灾难性的后果。尽管在航空决策方面进行了大量研究，但有关航空公司 OCC 决策方面的研究似乎很有限，而且已经进行的 OCC 决策研究尚未考虑其运行控制人员的决策过程。

OCC 干扰管理决策

航空公司面临的众多运行干扰问题使得 OCC 中的决策变得困难。这些干扰来自恶劣天气，维修故障，飞行员和客舱机组人员限制，乘客处理问题，空中交通管制许可和机场拥堵等因素，可预见的结果就是航班延误、取消和备降。尽管 OCC 运行控制人员的糟糕决策可能不会最终导致安全事故，但合理的决策对于实现预期的运行至关重要，如航班正常性、客户满意度、经济性以及从运行干扰中迅速恢复。

过去对航空公司运行方面的研究调查了航空公司的规划活动，例如航班时刻优化和飞机排班（Ball，2003）。这些研究的一部分促进了模型的开发，这些模型可以帮助航空公司制定航班时刻表以实现利润最大化和乘客的最佳运输（例如 Soumis，Ferland 和 Rousseau，1980）。其他模型通过结合飞机排班（例如 Lohatepanont 和 Barnhart，2004）、维修或机组排班（例如 Lettovsky，Johnson 和 Nemhauser，2000）优化了这些研究。

运行管理是以当日实际航班情况为基础的，实际运行情况与经过优化的航班时刻表可能完全不同。航空公司 OCC 中的运行控制人员负责完成这项任务，当发生运行问题时，为解决干扰、减小乘客的不便以及航空公司的成本，他们需要快速有效地作出决策。因此，越来越多的研究开始更加关注与干扰管理有关的决策过程，这些研究通常采用数学建模技术。例如，研究人员像 Clarke（1997）利用线性规划和网络流量理论来帮助航空公司进行干扰恢复，Cao 和 Kanafani（2000）开发了一种算法模型来分析跑道可用性对航空公司的价值，以及航空公司航班时刻表的效果。问题是到目前为止，没有一个模型能够解决航空公司普遍存在的多重、同时发生的复杂的干扰问题。

研究干扰恢复策略的文献相当多。许多干扰研究都集中在航路、飞机维修和机组排班等方面（例如 Cohn 和 Barnhart，2003；Lederer 和 Nambimadom，1998）。一些干扰恢复策略包括优化模型（例如 Abdelghany，Shah，Raina 和 Abdelghany，2004；Rosenberger，Johnson 和 Nemhauser，2003），或者研究了干扰的经济影响（例如 Janie 2005）。为了减少这些模型的复杂性并使其能够应用在实际工作中，经常在模型中进行假设以限制模型中的参数数量。例如，尽管典型的航空公司机队通常会包括多种机型的航班，但是由 Talluri（1996）和 Rosenberger、Johnson 和 Nemhauser（2003）开发的模型因为没有考虑到机型的问题而限制了其应用。Yan 和 Yang（1996，2002）和 Yan 和 Tu（1997）开发了几种模型，但这些模型都没有考虑到有助于解决问题的机型的变化；也没有考虑机组和维修方面的参数。Sriram 和 Haghani（2003）将他们的研究限制在国内航空公司运行上，并且只考虑了有限的维修参数，而 Rosenberger 等（2002）的研究只处理单一干扰问题。

尽管在干扰管理方面进行了广泛的研究，但尚未开发出能够解决复杂运行问题的优化模型。根据 Barnhart，Belobaba 和 Odoni（2003：369）“问题难以管理的规模和复杂性已经导致将整体问题分解为一系列子问题”。这些子问题通常包括网络和时刻表设计、机队资源分配、维修要求和机组排班。此外，很明显，基于计算机的工具无法应对在有限决策时间限制下的干扰管理。

且不论基于计算机系统的干预，OCC 中的运行控制人员的决策过程似乎主要依赖于自身识别、评估和解决干扰的能力，这种能力很可能是直觉和经验的组合。事实上，一位研究人员（Lettovsky，1997）称，航空公司的 OCC 大多是依靠人工从干扰中恢复。

问题在于，很难理解人们是如何使用直觉来进行干扰恢复的，这可能有助于解释为什么迄今为止开发出的模型总是存在缺陷。换句话说，基于模型开发来解决行业运行问题的研究只取得了有限的成功，因为它没有考虑到在如此复杂的环境中解决问题是需要人的决策过程的。

复杂性是通过多样性、独特性和多重问题组合来刻画的。仅考虑单一的干扰，或简单的机型变化，或包括少量或不包括机组或维修参数，这些模型将很难复现真正的干扰管理。然而，如果可以考虑所有这些参数，则需要非常强大的计算能力并耗费大量的计算时间，才能获得最佳决策点。这里有一个假设，即在整个计算过程中，情况保持稳定不变。对于实际运行，尤其是国内运行，这不是现实的！这些研究和其他研究人员的工作部分促成了本书的研究，因为似乎很少有文献对个人决策过程进行研究，这就造成了 Clausen，Larsen 和 Larsen（2005：1）所描述的"运行控制所面临的现实与用于运行恢复的商业信息技术系统所提供的决策支持"之间的差异。

决策和问题解决

根据 Tversky 和 Kahneman（1985：25）的观点，决策问题被定义为"人们必须在其中进行选择的行为或选项，由行为产生的可能的结果或后果，以及与行为相关的结果的发生的条件概率"。另外，为了达到既定目标，问题解决主要关注寻找可能的解决方案（Baron，1994）。Bainbridge（1999）认为，解决问题是一个术语，用于描述人们在陌生情景（陌生情景指的是人们没有足够的知识，或者采用的应对办法是不足的情景）下的心理过程。当初始状态与理想状态之间存在差距时，如果没有明确的可以改变现状的以达到理想状态的方式，那么就会出现问题（Klahr 和 Simon，2001）。这种差距是由于对目前的情况不满意，或者由于被其他可能性和机会的吸引而造成的。

术语决策和问题解决在文献中均被广泛使用，有时它们是可以互换使用的。例如，决策既可以认为是解决问题，也可以认为是对问题的反应。这两个术语有明确的差异。例如，可以在没有问题的情况下作出决策，并且可以在不作出决策的情况下解决问题。决策可能包括寻找和确定问题、生成和评估解决方案的步骤或决策，可能是将决策作为解决方案的问题解决过程。

虽然讨论了决策和问题解决这两个术语的应用，但是本书将决策看作是一个采用最佳解决方案的过程，它涉及对已确定问题的可能解决方案的生成和评估。在这种情况下，决策被视为问题解决的一个组成部分。在航空公司的 OCC

中，运行问题扰乱了航班计划，并要求运行控制人员作出决策以尽量减少干扰的影响。因此，决策被定义为解决运行问题的手段。

决策，判断和推理

大量的研究研究了决策、判断和推理之间的关系。文献的主题非常之多，因为全面的讨论会超出本书的目的，所以有兴趣的读者可以参考其他文献资源。在本书的第二部分中，决策中的判断和推理的作用是指人们评估和分析情景、产生不同解决方案（人们会从这些方案中选择一个方案来实施以解决问题）的方式。

时间限制下的决策

大量的研究显示出了对决策过程中可用时间的兴趣，并且区分了“时间限制”和“时间压力”这两个术语。这种兴趣的产生主要是由于有限的时间对决策过程的影响，这可能导致次优的决策过程（Ariely 和 Zakay，2001）。“时间限制”被描述为决策过程中的具体时间分配。如果截止期限存在，那么决策中就会出现时间限制（Ordonez 和 Benson，1997）。相比之下，“时间压力”是由于感知时间分配不足以作出决策而产生的（Rastegary 和 Landy，1993）。为了最大限度地减少混淆并提供一致性，本书将使用术语“时间限制”来表示 OCC 运行控制人员决策时间有限的情况。

在决策时间有限的情况下，决策者通常无法找到问题的解决方案，或找不到最有效的结果。因此，他们可能会花时间全面评估情况并推迟任何决定，并可能只考虑有限数量的决策选择。因此，研究时间限制的影响对决策来说非常重要，因为有限的时间似乎改变了人们做决策的方式。

人们已经研究了情景意识（例如 Endsley，Bolté 和 Jones，2003）、信息完整性（例如 Ahituv，Igbaria 和 Sella，1998）和决策风格（例如 Johnson，Payne 和 Bettman，1993）对时间的影响。当决策者受到时间限制时，精力被用来确定适当的信息，在这些情况下，可用于决策的时间限制了有利于作出有效决策所需信息的数量和质量。决策者在这些情况下的反应可能是更快处理信息，过滤特定信息或调整其决策过程。对时间限制的研究主要集中在诸如商业、军事飞行员和空中交通管制等领域，在这些领域中，决策时间非常有限，决策环境非常复杂并且是动态变化的。然而，似乎很少有研究考虑了 OCC 运行控制人员决策过程中的时间限制；但考虑到 OCC 环境的复杂性，时间限制可能会影响运行控制人员的决策过程。在本书第二部分，通过分别考虑国际和国内运行环境下的干扰管理，研究了不同时间限制下的决策。经验丰富的 OCC 运行控制人员会认识到，在这些环境中的干扰管理都需要非常独特的技术。

决策备选方案的产生和评估

决策过程中的一个基本步骤是生成和评估备选方案，从中可以选择一些行动方案。虽然术语“决策选项”和“决策备选方案”通常可以交替使用来描述一系列可能的选择，但为了清晰和一致性，本书将使用“决策备选方案”这个术语。根据 Janney 和 Dess（2004）的观点，决策备选方案的评估意味着一个成本效益分析的过程。在这个过程中，权衡可能的解决方案以确定哪一个对组织最有利。为每个标准的每个方面分配一个值，并选择具有最高综合分值的备选方案。然而，这个过程不仅需要时间，会产生成本，需要“尝试”，而且不适合在有时间限制的复杂情况下进行决策。

评估决策备选方案主要是确定决策者是否找到了最佳可能的解决方案还是满足于次要的解决方案。Simon（1976）称这种为“满意的”，即决策者寻找令人满意的或“足够好”的行为。因此，满足这个标准的备选方案就很可能被选中。这种有限结果的产生是由于决策者认识到达成最佳决策过于耗时，信息未知，或者延迟决策或找到更好的选择的代价太大。它还假定决策者意识到其他选择。在航空公司 OCC 中，由于决策结果牵扯到的利益相关方数量众多，因此决策非常复杂。

决策者需要制定多种处理运行干扰的备选方案，并制定若干应急方案以防备选方案被拒绝（例如无法提供机组人员）或情况发生重大变化（例如进一步的维修工作的更改）。OCC 的决策者在多大程度上能够产生和评估与干扰有关的其他行动方针，将在第二部分探讨。

本章小结

本章的目的是界定和解释决策的重要性，特别是 OCC 干扰管理中的决策。本章的重点是必须在短时间内作出决策，并且通常需要找到问题的解决方案，而不必追求甚至识别所有解决方案。

第三章　决策风格

导　言

决策风格被定义为“个人在面对决策情景时所表现出的所学和习惯性反应模式”（Scott 和 Bruce，1995：820）。也有人认为，决策风格贯穿于从分析到直觉的认知续线中（Hammond，1993），一种解释是用一种方法取代其他方法。相反，其他观点认为，直觉与理性思维相结合可以加快决策过程（Sadler-Smith 和 Shefy，2004b），并且该领域的管理者使用这两种类型的决策（Simon，1987）。在不同情况下使用最合适的决策风格似乎存在一些困难。Stewart（2006）认为正确的做法是综合利用两种风格。决策行为研究表明，决策策略的选择取决于一些因素，如复杂性和时间压力等（Janis 和 Mann，1977）。来自 OCC 经理和运行控制人员的逸事证据表明，OCC 中的运行控制人员有时可能依赖于各种理性和直觉决策方法相结合的方法。因此，研究 OCC 运行控制人员的决策风格可以帮助我们更好地理解运行控制人员同时使用理性和直觉决策风格的程度。

理性决策风格

经典的、分析的、科学的和理性的这些表达词汇都曾经在不同的时间和不同的场景下用来形容决策。然而，最常见的是“理性决策”，这个术语已经被用以描述一个有逻辑的、系统的分析过程（该过程是通过一系列步骤来实现的）（例如 Beach 和 Lipshitz，1993；Dastani，Hulstijn 和 van de Torre，2005）。尽管已经有如此应用，Janis（1989）认为，理性决策这个词可能是含混不清的，因此不应该使用这个词。这种模糊性的部分原因是认为决策的制定是“不理性的”，在詹尼斯看来，这意味着“不理性”或“不切实际”的行为。然而，这个术语在许多研究中的使用有力地证明，理性这个词是相当合适和可以接受的。为了最大限度地减少本书与其他表达方式之间的混淆，术语“理性决策”一贯用于指代一种逻辑的、逐步的、系统的决策方法。

使用理性决策方法的几个优点已经被确定。例如，Sadler-Smith 和 Shefy（2007）证明了理性风格在决策和解决问题时的优越性，因为它是稳定的、可预测的，并且是能够被推广的。其他观点则认为，使用这种方法的决策者会以审慎和周到的方式优化信息，并会产生许多备选方案以及将这些备选方案进行对比（例如 Comer，Buchanan 和 Henig，2001）。根据 Bonabeau（2003）的说法，使用理性决策方法比较适用于衡量信息和评估备选方案。但是，使用这种方法是有前提条件的，那就是假设可以找到合适的备选方案，并且具有“以最佳方式客观地将信息结合起来”的能力（Lord 和 Maher，1993：21）。

理性决策的一个主要优势是决策者在无须预先获得知识或经验的情况下，在使用的过程中可以遵循多个步骤，而这对于有足够时间进行决策的情况似乎是适当的。然而，其他观点则认为，理性决策可能不适用于非常复杂的情况（Vaughan，1979）或有时间限制的情况（Wong，2000）。

理性决策模型

许多简单的模型已经被开发用来支持理性决策方法（参见图 3.1），从而使复杂的流程在概念上得到简化。尽管不同模型所包含阶段的数量有所不同，而每个阶段的关注重点也千差万别，但显然这些模型之间存在很大程度上的共性。这些模型都提到了认知阶段、需要提供大量信息的备选方案产生和分析的阶段以及选择阶段。

在航空业，一些规范模型已经被开发出来用以帮助决策。其中许多模型专门用于飞行员培训，通常在决策过程中使用首字母缩略词来表示决策活动顺序。例如，Benner（1975）的“DECIDE”模型定义了几个步骤：发现问题（Detect problem）、评估后果（Estimate consequences）、选择（Choose）、识别（Identify）、执行（Do）和评估（Evaluate）。Mather（1989）的“PASS”模型包括以下步骤：问题识别（Problem identification）、信息获取（Acquisition of information）、策略调查（Strategy survey）和策略选择（Selection of strategy）。Hörmann（1995）的“FORDEC”模型基于六个阶段：事实（Facts）、意见（Opinions）、风险（Risks）、决策（Decision）、执行（Execution）和核实

（Check）。尽管这些模型以及图 3.1 中总结的模型强调了理性决策方法中出现的几个阶段，但没有一个模型明确规定决策者在评估其他备选行动方案时需要考虑的因素。但是，为了优化解决方案，在决策过程中清楚地确定这些考虑因素很重要。这似乎凸显了理性决策模型共同的弱点。尽管模型的进一步阐述可能会有助于更好地理解理性决策方法，但理性决策方法的其他局限性也是显而易见的。

<table>
<tr><th>Beach and Mitchell（1978）</th><th>Hogarth（1987）</th><th>Janis and Mann（1977）</th><th>Mullin and Roth（1991）</th><th>Nutt（1999）</th><th>Simon（1960）</th></tr>
<tr><td>发现问题</td><td>构建问题</td><td>评估场景</td><td>发现问题</td><td rowspan="3">诊断信号、收集信息、确定活动需求</td><td rowspan="2">识别情报和收集信息</td></tr>
<tr><td>评估任务</td><td>评估后果</td><td rowspan="2">审视备选方案</td><td rowspan="2">生成备选方案</td></tr>
<tr><td>选择策略</td><td>评估不确定性</td><td rowspan="3">设计计划备选方案</td></tr>
<tr><td rowspan="2">处理信息</td><td>评估备选方案</td><td rowspan="2">权衡备选方案</td><td rowspan="2">评估选择</td><td rowspan="4">确定行动方向，确定选项、制订计划、评估、实施、回顾</td></tr>
<tr><td>进行灵敏度分析</td></tr>
<tr><td>实施策略</td><td>收集信息</td><td>审议决策</td><td>评估和修改决策</td><td rowspan="2">方案选择和监控解决方案</td></tr>
<tr><td>选择</td><td>选择一个备选方案</td><td>坚持决策</td><td></td></tr>
</table>

图 3.1　理性决策模型

理性决策的局限性

由于在现实生活中成功的案例有限，一些研究人员批判了理性决策方法（例如 Brehmer，1999；Klein，1993；Shafir，Simonson 和 Tversky，1997）。根据 Nutt（1989，1999）的研究，虽然理性方法为决策提供了逻辑基础，却不能保证良好的结果。这可能是因为理性决策方法是一种逐步的方法，决策者广泛关注步骤顺序而不是所要执行的任务。然而，在诸如消防、医药、海上天然气设施和应急服务等许多领域，则不能采用逐步的决策方法来解决问题，因为情况复杂且容易发生显著变化。因此，决策者在作出决策之前没有时间对备选方案进行比较。此外，Klein（2001）认为，决策者可能没有足够的信息支撑决策，或者有太多的信息需要分析。在这些情况下，人们通常不会在决策之前收集和评估信息，而是会迅速作出决策并在之后为决策活动提供支持。因此，理性决策与实际决策之间可能几乎没有相似之处。Watson（1992）认为，仅有10%的决策事件采用理性方法；在另外的90%中，决策者使用直觉决策方法。

迅速变化的环境是航空公司OCC复杂动态环境的特征。因此，这个领域的决策可能不会采用理性方法，究其原因主要是决策时间的限制。这点得到了大量研究的证实，这些研究侧重于紧急情况或有时间限制下的决策（例如Flin，Stewart和Slaven，1996；Flin，Salas，Strub和Martin，1997）。因此，这种环境下的理性决策方法很可能只能解释部分OCC中的运行控制人员如何作出决策。

对理性决策方法的部分批判可以归因于问题结构。在大多数情况下，理性决策方法一直关注明确的问题。然而，决策者通常不会在动荡的环境中面临明确的问题，因为决策过程复杂且难以预测，并且存在大量相互冲突的目标。因此，在这些情况下，理性决策可能不足以解决问题，其他决策方法可能会更成功。在OCC中，使用其他决策方法，如直觉决策方法，有时可能比理性决策更适合处理复杂的、结构不良的问题。

直觉决策风格

直觉被定义为“在无明显理性思维介入或逻辑干涉的情况下获得直接知识或理解的能力”（Sadler-Smith和Shefy，2004a：77）。当理性决策方法不适用时，大量的研究采用直觉决策来解释决策过程（例如Buchanan和O’Connell，2006；Leyboume和Sadler-Smith，2006），但是研究直觉决策的问题在于很难考察决策者直观地找到解决方案的方式，而不必报告他们如何获得结果。

直觉决策已经被描述过很多次了。例如，Agor（1984：xii）提出，直觉决策是“直觉地感知如何在正确的时间作出正确决策的一种奇怪的能力——即使当重要决策所依据的信息不完整或完全不足。直觉也可能指的是具有‘预感’或‘直觉’，尤其是感觉什么可能可行或者可能不可行，或者感知什么是对的和什么是错的”（Hedlund和Sternberg，2000；McLucas，2003）。这种直观的方法源自从经验中获得的“只可意会，不可言传”的知识，使决策者能够直接采取行动，不必先思考再采取行动。

直觉决策的决策者往往无法解释他们的决策是如何达成的。他们不遵循理性决策过程中的刻意的、有序的步骤。相反，他们表示对所需内容有所了解，同时考虑多种备选方案，并依靠他们的直觉来理解混乱局面，这种方法提供了快速准确的决策手段（Dane 和 Pratt，2007）。在这方面，直觉决策与理性决策是非常不同的。重要的是，直觉不被认为是“疯狂的猜测”。根据 Dreyfus 和 Dreyfus（1986：29）的观点，直觉就是“在日常工作中，我们所有人一直使用的一种能力”。此外，如果是通过非正式的、非结构化的推理模式达到的，而不是通过分析方法或有意计算得到的判断，也被称为直觉（Kahneman 和 Tversky，1982：124）。根据这些观点，在形势不断变化的情况下，有限的时间不允许使用分析性方法来解决问题，那么使用直觉可能是有益的。这些情况正好是航空公司 OCC 所面临的环境，因此本书的第二部分研究了直觉的作用。

大量的研究考察了直觉和经验之间的关系，并认为经验是构成直觉决策的基础（例如，Bonabeau，2003；Cesna 和 Mosier，2005；Klein 和 Weick，2000）。Simon 认为，获得足够的经验需要 10 年左右的时间。由于 OCC 是以这些方面为特征的领域，所以期望运行控制人员可以在决策中使用直觉方法是合理的，并且相较于经验较少的运行控制人员，更具经验的运行控制人员直接地使用直觉方法的可能性更大。因此，第二部分研究了直觉在 OCC 中的运用，特别是直觉与经验之间的关系。

直觉和启发式

作为直觉决策方法的一部分，个人可以采用启发式方法来减少处理需求“用简单的规则取代详细的表述和冗长的搜索程序”（Roberts，2004：265）。这些捷径或“经验法则”使决策者能够通过选择情景的某些方面而忽略其他方面来简化决策过程。一些研究人员提到了启发式的重要性，因为它能够使个体由于其认知能力有限以及不具备解释大量数据的能力而简化或忽视信息（例如 Marsh，Todd 和 Gigerenzer，2004；Payne，Bettman 和 Johnson，1990）。当由于时间或知识约束无法进行例行和详尽的检查时（例如 Johnson，Payne 和 Bettman，1993；Simon，1982），或者需要作出快速和准确的决策而无须冗长的分析过程（Roberts，2004；Todd 和 Gigerenzer，2000）时，其他研究强调采用启发式方法。Tversky 和 Kahneman（1982）认为决策者使用有限的启发式原则来帮助判断。但是，为了防止决策结果的失真，启发式方法必须依赖正确的和相关的信息。从节省时间和精力方面看，启发式方法可能是有价值的，但它们可能会导致偏差，并且根据决策时可用的信息，可能不一定会提供最佳解决方案。

在 OCC 中，启发式方法已用于数学模拟以开发干扰恢复模型（例如 Lettovsky，1997；Rosenberger 等，2002）。然而，启发式方法使用通过限制需要满足的条件来简化数学过程，所以这些模型是存在缺点的。例如，限制飞机数量和机型的变化以及飞行机组人员的编排。因此，迄今为止，基于启发式的模型未能为解决 OCC 中的复杂问题提供可靠的手段。尽管研究认识到运行控制人员可能在决策过程中使用特定的经验法则，但本书第二部分的研究没有涉及启发式方法的内容。不过，这是未来研究的一个领域。

自然主义决策

过去的研究批判了理性决策方法在自然环境中决策的不足之处（Klein，1997），特别是在未能考虑自然环境中普遍存在的不确定性方面（Sonenshein，2007）。Sonenshein（2007：1024）将不确定性定义为“缺乏构建解释困难情况的信息”。根据 Cannon-Bowers，Salas 和 Pruitt（1996：195）的观点，“传统的决策研究被视为关注于无效的、人为设计的决策情景，其结果对现实世界的决策者的意义不大”。这种对现实世界决策考虑的不足导致了自然决策的发展。Gaiy Klein 被认为是自然主义决策（NDM）的先驱，他将 NDM 描述为人们使用自己的经验在自然环境中作出决定的方式（ Gaiy Klein，1997）。NDM 的目的是通过理解在自然情景下而非人为情景下的决策过程来获得更高质量的决策。

理性的决策过程通常基于这样的假设：备选方案、偏好和结果是事先已知和经过评估的。但是，在可能产生的备选方案范围发生变化的情况下，这种观点是有缺陷的。请注意，在第二部分研究的讨论中，没有对可能的备选方案进行假设。其他研究（例如 Beach 和 Lipshitz，1993）认为，在自然环境下，侧重于评估和选择行动路线的传统决策制定模型不再适用，在这种情况下，决策者很少使用分析方法。此外，人们认为理性决策不适合考虑决策者的经验、任务的复杂性以及诸如时间压力和模糊信息等自然环境的要求（Crichton 和 Flin，2002）。这些对理性方法的批评支持了以更自然的状态研究决策的必要性。

NDM 的特征

Orasanu 和 Connolly（1993）将自然主义决策环境的关键特征概括为：结构不良的问题，不确定的、动态的环境，轮换，不明确的或相互竞争的目标，行动或反馈循环，时间压力，高风险，多方参与者，以及组织目标和规范。在这些环境中，不正确的决策和行为会产生重大后果（Klein 和 Klinger，1991）。此外，决策者对事件发生的控制力很小，不一定能控制决策的速度或决策的时间。NDM 已经在诸如消防、军事、核电站、护理、应急管理、运输和体育等许多动态环境中进行了考察。在各种研究中使用的 NDM 方法使研究人员能够通过口头交流和观察实地发生的行为来收集数据。因此，NDM 方法被认为是检验决策过程的有价值的方法，因为它包含了任务、人员和环境因素之间的相互作用（Currey 和 Botti，2003：207）。

在自然环境中考察决策过程的方法往往需要一种定性方法，它使研究人员能够通过观察和访谈来收集个人的数据。作为一种研究实时情景的手段，NDM 因使用小样本量和高度依赖参与者的“口头报告”而受到批评。很多批评也受到了驳斥，驳斥认为样本规模可能会受到限制，因为涉及较大样本的研究过程非常耗时，并且使用的口头报告的确提供了丰富的全面的定性数据。因此，从 NDM 的角度来研究决策，很可能产生比其他方法更有意义的结果。航空公司 OCC 是复杂的、动态的环境，如果频繁发生多个同时发生的干扰，则会使环境更复杂。因此，考察 NDM 框架内的决策可能有助于理解航空公司 OCC 中的运行控制人员的决策过程。

NDM 模型

以前的研究已经描述了几种自然决策模型。例如，Lipshitz（1993）回顾了九个关注现实世界决策的 NDM 模型。这些模型强调依靠识别和评估情景，形成心理图像，并在决策中运用直觉的而非理性的方法。在对四个高级 NDM 模型的回顾中，Wong（2000）得出的结论是决策者非常重视依靠模式识别作为评估行动方式的手段。根据 Klein（2003）的说法，一种模式通常是一组线索，如果其中的一些线索被识别，其他线索也可能被发现。OCC 运行控制人员所使用的飞行显示器之间的模式识别对研究而言可能是重要的，因为它可以帮助深入研究决策过程。然而，这些模式复杂多样，鉴于每次干扰的独特性，可能难以考察。

Klein 被公认为是自然主义决策的关键研究者，他的识别启动决策（RPD）模型被公认为是占主导地位的自然决策模型。Klein 的模型描述了专家决策者如何使用他们的经验评估情况，从中他们能够产生和评估令人满意的备选方案，而无须进行比较评估。根据 Hedlund 和 Sternberg（2000）的观点，在现实世界中，这种方法比分析模型更能代表决策。经验水平使决策者能够通过识别可实现的目标、相关线索和最有可能成功的行为来识别模式（Kaempf，Klein，Thorsden 和 Wolf，1996）。就研究而言，RPD 模型可以深入研究专家控制人员评估干扰情况的方式以及他们产生和评估合适备选方案的程度。Klein 认为，这个模型并没有考虑新手的决策问题，他们需要接受培训来识别情景，但是接下来需要获得经验以使他们能够进行心理模拟。图 3.2 给出了 Klein 识别启动决策（RPD）模型的简化版本。完整模型详见在本书最后的参考文献列表中的文献（Klein，1993）。

在 RPD 模型中提出的决策评估阶段对研究而言非常重要。评估是通过模拟精神行动的过程来看它是否会起作用，然后寻找可能无法接受的任何意想不到的后果。然而，心理模拟过程并未明确指出决策者在此过程中考虑的因素。本章前面关于理性决策方法的问题被排除在决策注意事项之外。值得注意的是，不应该将决策注意事项与被称为信息来源的线索相混淆。Klein 把线索作为 RPD 模型中识别阶段的一个方面。就本书所述的研究而言，线索和决策注意事项是明显不同的。例如，OCC 中的线索可以是来自维修的建议，通知运行控制人员与飞机有关的技术问题，以及可预见的航班延误。相反，运行控制人员可能需要考虑的决策注意事项是航班延误对维修服务造成影响的可能性。在 OCC 中，运行控制人员为解决干扰问题需要考虑诸多因素，例如机组可用性、维修限制、机场限制、宵禁等，其中任何一个都可能影响他们的决策选择。因此，决策注意事项形成决策过程的明确组成部分似乎很重要。因此，该研究考察了在这一过程中运行控制人员考虑到的程度。

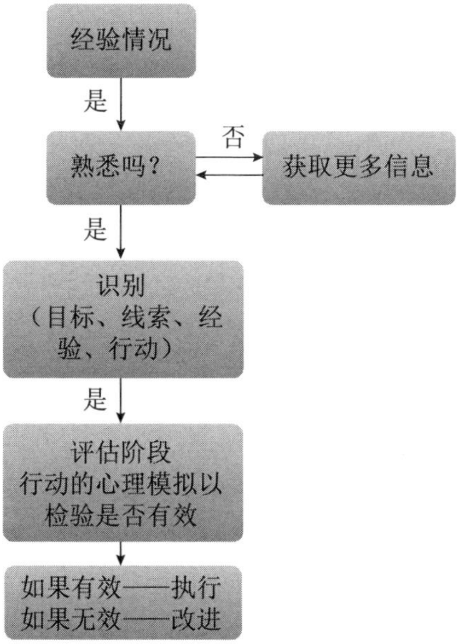

图 3.2 简化的 Klein 的识别启动决策（RPD）模型

专家系统

其他研究调查了作为帮助决策者进行决策的人机交互系统（例如专家系统）的重要性（例如 Barthelemy，Bisdorff 和 Coppin，2002；Chu 和 Spires，2001）。专家系统被定义为“基于知识的软件工具或决策辅助工具，旨在帮助专家达成结果”（Hoffman，Shadbolt，Burton 和 Klein，1995：130）。专家系统的目的可能不是解决问题，而是以有效的方式提出问题或提供专业知识（Balch，Schrader 和 Ruan，2007），以便提供具体的建议。通过提出相关问题和解释采用某些特定行动的原因来辅助决策。因此，这些系统应该被视为决策辅助手段，而不是取代决策者的手段，因此相较于使用单一方法，它可能促成更好的决策。而其他对专家系统的批评则表明，使用它们会导致人们低估解决问题的专业知识（例如，Ahituv 和 Neumann，1987），而且对决策的改进需要更深入地理解人类处理信息的方式以辅助决策过程（Barthelemy 等，2002）。

在航空领域，专家系统确实被用作实时决策支持工具来帮助管理航空公司（Abdelghany，Abdelghany 和 Ekollu，2008），尽管这些系统试图协助 OCC 决策，但似乎都不能应付所要解决的复杂问题。因此，OCC 在很大程度上靠人工恢复干扰，因为运行控制人员经常按照他们的直觉行事，这使得航空公司的干扰恢复难以建模。使用专家系统以及在 OCC 中对这些系统的进一步探索，需要大量工作来确定它们是否能够提供决策援助，以及它们可以提供哪些级别的决策援助，或者它们的相关性是否更多地限于获取和显示高层次的决策信息。因此，对专家系统的进一步讨论超出了本书的范围。

决策结果

读者可以参考图 1.1，其显示了 OCC 决策制定研究中的限制，在哪一点上需要制定决策以解决某些干扰问题。在这项研究中，国际和国内模拟的专家小组均提供了几项决策结果，作为解决一系列运行问题的可行方案。然而，实现和评估可采取行动的具体决策结果的阶段超出了本书研究的范围。换句话说，研究的目的不是识别和评估运行控制人员达成的解决方案，因为控制人员已经解决了一些运行问题。相反，其目的是探索他们解决问题的方法。因此，研究中没有考虑到实际的决策结果，而重点则放在了决策过程中产生决策备选方案的点上。

本章小结

本章提供了决策风格的一些背景研究，讨论了理性决策的益处和局限性，以及与 OCC 相关的直觉决策的相关性，因为这似乎是决策者在这种类型的环境中使用的主要方法。在自然环境中进行决策的研究取得了进展，因为研究人员已经确立了探索人们在实际情况下，而不是在人为的和精心安排的情况下的行动方法的必要性。最后，提出需要在若干领域进一步研究，作为探索增强决策制定方法的一种手段。

第四章　情景意识

导　言

情景意识是由民用和军用航空环境提出的概念，由飞行员创建，用以描述飞行员对工作环境的适应程度（Flach 和 Rasmussen，2000）。情景意识的研究强调了它与决策的关联性，并且表明理解情景意识可能有助于决策者得到更好的解决方案。感兴趣的还有可能获得情景意识的方式以及经验水平可能对这一过程作出贡献的程度。OCC 中运行控制人员的情景意识还没有被详细研究过，所以本章提供了情景意识的形成背景来帮助读者理解情景意识。

情景意识的定义

由于多种原因，定义情景意识一直非常困难。一个困难是不确定应该将情景意识定义为一个过程还是一个状态。例如，Sonnenwald，Maglaughlin 和 Whitton（2004：991）将这个术语定义为“了解在当前环境中发生的事情，同时了解情况和知识，以便在情况发展时作出适当的反应”。Sarter 和 Woods（1991：52）将其定义为“一种知道周遭环境正在发生什么的感觉，以及理解情景并知道如何有效应对情景的发展变化”。Sarter 和 Woods（1991：52）将其定义为“根据当前情景评估结果，持续更新的情景现象的可获得性以及连贯性”，而 Klein（1993）将获取情景意识作为一个获得知识的过程。

相反，Adams，Tenney 和 Pew（1995：85）将情景意识描述为操作或维持一个系统所需的最新认知状态。Itoh 和 Inagaki（2004：5）将其视为“运行人员对情景理解的快照”，而 Endsley（1988）将其描述为一种“知识状态”，根据产生情景的过程来仔细区分知识的状态。在 Matthews，Strater 和 Endsley

（2004）的定义中，术语混淆更加明显，这表明情景意识是指感知和理解给定环境的认知过程。因此，对情景意识的理解似乎既包括对情景的了解，也包括对知识产生过程的理解；这一解释进一步说明了清晰地定义情景意识的困难。

定义情景意识的另一个困难是区分情景意识和情景评估。Klein（1993）认为情景评估是决策的核心，并将评估的含义扩展到包括目标、线索和行为的识别。然而，这种解释似乎并没有在大多数文献中得到体现。Endsley（1995b），Sarter 和 Woods（1991）对情景意识和情景评估进行了区分，他们认为情景评估是获得并维持情景意识的知识构建过程。Sarter 和 Woods（1991：50）将情景意识视为"基于重复性的情景评估所产生的知识的整合"。根据这些解释，情景意识似乎被认为是一种知识状态，以及产生这种状态的情景评估过程。尽管存在这些观点，但是 Salas，Prince，Baker 和 Shrestha（1995）注意到情景意识的动态性以及对持续修改和更新的需要。为了尽量减少混淆并强调本书的重点，术语情景意识用于理解 OCC 中运行控制人员的决策过程。

尽管无数次试图定义术语，但似乎没有任何一种情景意识得到普遍的接受。然而，Endsley（1988：5）的定义是"在一定的时间和空间内，对环境要素的感知，对其意义的理解，以及对将来状态的预测"，此定义在最近的文献中被广泛引用，并为本书提供了一个合适的定义。

情景意识的重要性

在充分了解情况、加强决策准备以及减少运行错误中都充分体现了情景意识的重要性（Croft，Banbury，Butler 和 Berry，2004）。以航空领域的早期研究为基础（例如 O'Hare，1997；Robertson 和 Endsley，1995），对情景意识重要性的认识，拓宽了其在其他复杂动态环境中的研究，如麻醉学、军事飞行、海洋导航、驾驶表现和医疗紧急调遣。情景意识也被认为是决策者为应对某种情况的先兆记忆图像。例如，Blandford 和 Wong（2004：448）在研究紧急医疗调度员的情景意识时指出，救护车分配人员（N = 18）将"对情况的理解视为记忆图像"，并提到根据情况变化更新图像。因此，这些领域的决策者显然意识到积累和维持情景意识的必要性。

航空情景意识

在航空方面，许多关于情景意识的研究都与飞行员有关。这是因为情景意识在飞行操作中扮演着重要的角色，特别是在飞行安全方面（Sohn 和 Doane，2004）。根据 Endsley（1988）的说法，如果训练有素和经验最丰富的飞行员的情景意识不完整或不准确，他们可能会作出错误的决策。因此，他们花了很多时间来构建意识并为潜在问题作准备。

航空情景意识也在空中交通管制方面进行了广泛的研究（例如，Hauss 和 Eyferth，2003；Niessen 和 Eyferth，2001）。从这些和其他研究中发现，形成记忆图像是帮助管制员发展和保持情景意识的一个关键方面。这使得管制员能够获得飞机位置和运动轨迹的清晰“图像”，使他们可以作出明智的决策并采取适当的行动。

OCC 中的情景意识

航空公司的 OCC 环境非常复杂且是动态变化的。为了熟悉潜在的运行问题并在当前问题中保持警惕和知情，与飞行员和空中交通管制人员类似，OCC 运行控制人员很可能需要高度的意识作为决策的基础。然而，似乎很少有研究针对 OCC 中的情景意识，因此这是本书第二部分讨论的重点。值得注意的是，虽然大多数关于情景意识的研究都集中在个体意识水平上，但也有一些其他研究考虑了团队情景意识，例如机组成员角色分配（Jentsch，Barnett，Bowers 和 Salas，1999）和经验水平低的飞行员（Prince，Ellis，Brannick 和 Salas，2007）。这些研究考察了团队成员之间的合作实践，特别是团队成员积累情景意识水平的方式，应对情景变化的反应，以及当他们失去意识时的行为。对 OCC 中团队情景意识的研究超出了本书的范围，但未来的研究肯定有必要探讨其与 OCC 决策的相关性。

获得情景意识

许多研究表明，经验是获得情景意识的重要前提（例如，Blandford 和 Wong，2004；Kass，Cole 和 Stanny，2007）。一些研究认为，经验有助于减少建立和维持意识所需的记忆资源（例如 Sohn 和 Doane，2004），而另一些研究则警告说，缺乏经验可能会导致情景意识的丧失（例如 Wiegmann，Goh 和 O'Hare，2002）。这引出了新的问题，那就是新手和专家获得情景意识的程度，这意味着专家可能因其高超的经验水平而获得更好的情景意识。关于获得最佳水平的情景意识似乎没有达成共识；而适当的情景意识可能是合适的，并且会根据不断变化的情景而变化。决策者必须谨慎地依靠已经积累的情景意识来排除进一步或更新的情景意识，因为这可能导致情景意识不足或不完整，从而可能导致不正确的决策。因此，情景意识的获得似乎是一个累积的过程，可以在多个阶段中实现，但确定何种程度的情景意识适合作出决策，这在 OCC 中是很有意义的。本书的第二部分的重点是探索运行控制人员获得初步情景意识的水平，以及他们是否在此基础上根据不断变化的情况构建全面的情景意识。

信息完整性

决策者需要收集足够的相关信息，以确保决策是基于完整的而非部分的建议。同时，决策者需要避免信息饱和或超载。正确的数量和信息质量（信息质量指的是信息的有用性、时效性和准确性）对于良好的决策至关重要。虽然人们已经注意到有必要获取构建情景意识的信息，但是实现这一目标还存在困难，这可能是由于许多人不具备在正确的时间获取正确的信息的能力，也可能是他们不能保证在众多资源中获取信息。在航空公司 OCC 中，由于在不断变化的环境中遇到的问题的复杂性，收集足够和适当的决策信息是至关重要的。这种复杂性造成了高度的不确定性，这种不确定性可能会由于各种冲突而变得更加复杂，通常需要专家来解释专业技术信息。OCC 的另一个困难可能是寻找不太容易获得的信息。例如，与工程相关活动相关的信息通常可用于 OCC，但来自不太重要功能的信息（例如登机控制或登机口休息室）可能不会用于 OCC。因此，运行控制人员及时获得准确和完整的信息非常重要，因为这很可能导致知情决策。这对决策者来说是一项挑战，本书第二部分考虑了运行控制人员利用信息的程度，然后考虑如何使这些信息来帮助他们构建情景意识。

情景意识和决策

大部分情景意识研究的重点是情景意识与决策之间的关系。根据 Kaber，

Perry，Segall，McClemon 和 Prinzel（2006）的说法，这个重点是基于在存在多个相互竞争目标、需要满足复杂决策需求和有限决策时间限制的环境中构建情景意识的需求。也有一些研究关注情景意识和决策者表现之间的关系，但是这种关联度似乎存在争议。例如，高水平的情景意识可能并不一定会产生良好的表现，而在情景意识最低的情况下也可能产生良好的表现。其他观点表明，具有高水平情景意识的参与者很可能表现得更好（例如 O'Brien 和 O'Hare，2007）。Klein（1998）支持后一种观点，并认为表现取决于实现良好的情景意识以促进作出决策。这种关系在第二章所描述的 RPD 模型中很明显。尽管有这些不同的观点，但情景意识似乎至少是决策制定的一个决定性因素。

虽然有证据表明情景意识与决策之间存在关系，但情景意识并不是决策过程的一部分。了解情景意识可能会有利于作出有效的决策。然而，在获得这种意识之后，是否需要作出决策（如果有的话），这是不确定的。然而，似乎在不断变化的环境中获得情景意识被认为是作出良好决策的先决条件。图 4.1 显示了 Endsley 的情景意识模型的一个极为简化的改编模型。完整模型的来源是详见本书最后的参考文献列表中的文献 Endsley（1995a）。

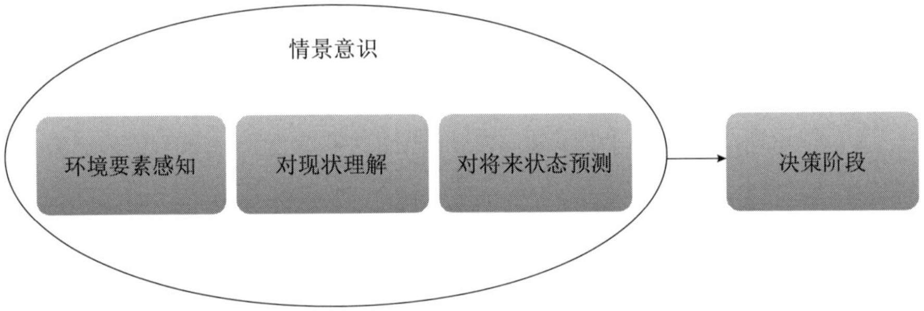

图 4.1　Endsley 的情景意识模型的简化版本

首先，该模型清楚地描述了情景意识和决策之间的分离。就 OCC 中的运行控制人员而言，这应该能够更好地理解他们通过获取情景意识而建立知识的方式。其次，它应该有助于解释情景意识对其决策过程的影响。根据 Endsley 的模型，这引起了人们对情景意识的感知阶段（水平一）的关注。值得注意的是，Endsley 的模型并非完全不可改变的，因为它可以通过加入来自环境的反馈和输入来更新，这意味着它可以提供一种机制来了解 OCC 运行控制人员积累初始情景意识的方式，重要的是，根据情况变化进一步获取情景意识的方式。鉴于运行干扰的性质，该模型似乎是研究 OCC 情景意识的适当手段。

本章小结

大量的研究已经研究了几个行业的情景意识，但很少有研究涉及 OCC 中的情景意识。本章强调了情景意识的重要性及其与 OCC 决策的相关性。此外，还探讨了获取足够信息的必要性以获得和维持情景意识。

第五章　专业知识

长期以来，研究者在专业知识对决策的影响方面进行了大量的研究。这是由于他们希望了解专家所做的事情和他们做事的方式，以及从专家那里学到何种程度的知识可能会使得新手在决策方面有所改进。迄今为止，很少有研究考虑专业知识对 OCC 运行控制人员决策过程的影响。因此，几乎没有可以提供给 OCC 新手的以改进他们决策过程的明确指南。本书第二部分的研究重点是根据行业和 OCC 专业知识的水平来研究运行控制人员的决策过程。

专业知识的定义

由于研究采取了大量的方法，令定义专业知识特别困难。例如，Johnson，Zualkernan 和 Tukey（1993）提出专业类型与专家可能解决的问题类型相对应。然后，了解专业类型可能有助于解释决策者采取的行动，并确定决策成败的基础。其他方法包括通过达成一致意见对专业知识进行分类，确认受访者自身对经验的信心水平，并根据观察到的表现表达专业知识。专业知识与特定领域相关，包括所需该领域知识的程度，了解该领域的问题以及解决这些问题的技能（Hayes-Roth，Waterman 和 Lenat，1983）。人们普遍认为知识和技能是掌握该领域的基础（Hedlund 和 Sternberg，2000）。

在研究专业知识的文献综述中，Shanteau 等（2002）批判了定义专家的九种传统方法。这些方法包括经验丰富的人，被授予专家头衔的人，被归于专家的人，赞扬自我专业知识的人，通过判断一致性确定专业知识的人，在专家之间一致认可的人，具有辨别能力的人，展示知识的人，以及通过特定的培训来创造专业知识的人。尽管 Shanteau 等（2002）确定了这些方法的应用和好处，但是他们也确定每种方法都存在缺陷，得出的结论是没有任何专业知识的定义是普遍可接受的。尽管有这些不同的方法和批评，但迄今为止大量研究表明，专业知识在很大程度上取决于经验（例如 Chi，Glaser 和 Farr，1988；Sonenshein，2007）。事实上，经验似乎是获得专业知识最重要的因素。

对于这一点似乎也有充分的共识，即需要在某一特定领域有 10 年的经验才能获得该领域的专业知识（例如，Hershey 和 Walsh，2000；Simon 和 Chase，1973）。尽管有些观点认为经验可能不是专业知识的最佳预测因素，但是在大多数文献中均采用经验来衡量专业知识这一论据足以支持根据经验来对专家进行分类这一论点。相比之下，新手被描述为接触某个领域但是程度有限（Hoffman，Shadbolt，Burton 和 Klein，1995）。考虑到这些观点，本书第二部分的研究以 10 年的经验为基础来定义行业和 OCC 层面专业知识，特别是作为区分新手和专家的手段。

专业知识的重要性

数十年来，学者们在众多领域中研究专业知识。这些研究非常重要，因为他们已经确定了专家分类问题、收集和使用信息的问题以及利用他们的知识制定策略和解决问题的方法。然而，显而易见的是，研究专业知识的最重要目标之一是“作为改善对技能较差个体培训的方法”（Ericsson，2005a：238）。就本书第二部分讨论的研究而言，由于在这样一个动态的、具有挑战性的环境中需要快速和准确的决策，所以运行控制人员的专业知识对航空公司 OCC 来说可能非常重要。因此，本研究的一个重点是研究新手和专家运行控制人员在决策过程中的差异，以确定新手决策过程可以改进的地方。

在国际象棋比赛中，由于游戏过程很复杂，需要进行大量的训练才能达到专业水平，所以人们对棋类游戏的决策过程进行了研究。de Groot（1978）通过对大师级别及以下的国际象棋棋手（N = 22）进行短期记忆实验，分析了国际象棋中的思维过程，发现国际象棋大师会识别到棋子之间的模式。Chase 和 Simon（1973）认为，这不是棋手的记忆，也不是走法的深度让专家脱颖而出。相反，专家之所以表现卓越，是通过锻炼观察大型复杂陈列并将它们看成是有意义的组块的能力来实现的。航空公司 OCC 使用复杂多彩的显示来表示航班时刻表（参见附录 B 和附录 C，并注意国际和国内时刻表之间的复杂性差异）。这项早期的专业知识研究为研究航空公司 OCC 中的新手和专家获取相关且有意义的信息的方式以及他们在飞行显示内识别模式的程度提供了基础。

研究主要集中在需要决策的关键领域，如飞行员通信和空中交通管制等关键环境。这项工作的一个共同重点是需要在动态变化的情况下迅速作出反应，并需要决策者的专业知识，以确保满足安全以及运行和商业效率。这导致了对专家行为的研究侧重于卓越的表现、表现的限制以及克服这些限制的策略（例如 Gobet 和 Simon，2000）。

从专业知识研究中得出的结论引起了对专家们努力理解问题的方式，以及他们为了制定出高质量的解决方案而快速、有效、高效地完成任务的方式的关注。然而，这项工作似乎有一个假设，即研究专家作出决定的方式在某种程度上能够使新手对决策有清晰的理解。考察 OCC 新手和专家的决策过程应有助于确定专业知识在多大程度上影响该领域的决策过程，并确定改进新手决策的方法。

专家的特征

专家们显示出了许多用于区别新手或那些尚未被认为是专家的人的特征。例如，专家在他们自己的专业领域中表现出色，基本不会犯错误，并对问题认识深刻。专家还依赖自己高度有组织的相关知识基础，这使他们能够快速正确地评估情况。这些知识是通过从大量多维的刺激中识别信息或感知线索累积而来，并通过使用少量信息来实现。关键在于专家能够区分任务相关的信息和不相关的信息（Haider 和 Frensch，1999）。许多研究都考虑过专家如何能够做到这一点。例如 Seines 和 Troye（1989）认为专家通过构建情景来确定他们的信息需求。也就是说，他们制定了在特定目的或事件中必须完成的工作，然后获取和限制信息以帮助他们完成任务。最近，Carr 和 Wagner（2002）认为专家利用他们的知识将任务进行分类，通过这些分类他们可以对工作进行优先级排列。

其他研究已经认识到，专家能够通过收集和评估关键信息来解释问题情况（例如 van den Bosch 和 Helsdingen，2002）。这使他们能够快速理解、评估情况并预测未来事件，从而出色地解决问题。根据 Cellier，Eyrolle 和 Marine（1997）的说法，专家预见未来事件的能力是通过在情景监测和诊断期间识别线索来实现的。这是因为新手和专家认识线索的方式不同可能会导致决策结果的差异。就航空公司的 OCC 而言，运行控制人员需要在达到任何决策点之前深入地识别和分析问题。因此，最有可能的是协助运行控制人员识别适当的线索，这将有助于他们更有效地预测情况，从而有利于 OCC 的决策。

获得专业知识

个人专业知识的获得来源众多。一些观点将专业知识与先天的基本能力联系在一起，不会受到培训或实践的影响，而另一些观点则强调经验在获得专业知识方面的作用，尤其是经验的多样性和意义对培养专业知识的重要性（例如 Jentsch，Bowers 和 Salas，2001）。这是通过接触新的情况和多种类型的经验而不是通过重复类似事件来实现的。一些研究人员主张，获得专业知识需要将经验和专业领域知识结合起来（例如 Hershey 和 Walsh，2000；Weiss 和 Shanteau，2003）。过去的研究也清楚地表明专业知识是通过有意识的实践和紧张的准备来获得的（例如 Ericsson，2005b；Ericsson 和 Lehmann，1996）。Bedard（1991）以及 Hershey 和 Walsh（2000）的研究认为，在领域内进行任务相关培训的新手可能比专家产生更好的解决方案。这是一个有趣的观察，逸事证据证明非专家在没有经验甚至没有经过任何正式培训的情况下也能够解决相当复杂的运行问题。因此，单凭专业知识似乎不一定能够得出出众的决策。

新手和专家的区别

考察新手和专家之间的差异一直是一个值得关注的领域。根据 Cannon-Bowers，Salas 和 Pruitt（1996）的说法，这种关注的发生有很多原因。第一，可能无法确定谁是专家，谁不是专家。第二，重要的决策是由专业知识受到质疑的人员作出的或者可能不是专家制定的。第三，新手作出的决策对于制定决策策略可能很重要。因此，识别新手和专家之间的差异可能为改善决策提供基础。这尤其适用于那些决策制定起到至关重要作用的领域，如航空公司 OCC。

研究表明，新手和专家表现出的制定决策和解决问题的方式相当不同。根据 Orasanu 和 Connolly（1993：12）的说法，专家“利用他们的知识和经验来确定情况，确定问题是否存在，并决定是否以及如何采取行动”。有充分的证据表明专家能够识别和辨别问题的表面和深层次特征。也就是说，他们可以确定问题的复杂程度，然后确定哪些问题可以快速轻松地处理、哪些问题需要进一步思考。这种差异使专家能够将所有组成部分组合在一起并形成一个完整的情景图。相比之下，新手只能看到碎片化的要素信息，更有可能依据问题的表面特征进行处理。因此，新手可能没有足够的经验或有机会深入研究，以便意识到可能存在更复杂的问题。根据 Chase 和 Simon（1973）的说法，专家与新手的差异还表现在的组织问题组成部分的方式上面。专家们专注于问题的本质并确定各组成部分之间的相互关系，这使他们能够识别正确的解决方案。另外，新手需要花费大量时间仔细分析各个组成部分，而不是将它们组合在一起来解决整个问题。

人们对从新手到专家的个人成长过程有相当大的兴趣（例如 Helton，2004；Russo，2006）。Dreyfus 和 Dreyfus（1986）认为，从新手到专家这个成长过程，人们都会经历许多阶段，因为他们在获得专业知识之前会获得经验，发展各种能力和锻炼熟练程度。因此，从新手成长为专家是一个连续的发展过程，即新手、先进的初学者、有能力的人、精通者和专家。阶段也被归类为高级初学者、中级阶段的人和专家。然而，大多数关于专业知识的研究都涉及二元分类：新手和专家，而本书采用了这种方法。

专业知识和决策风格

在专业知识文献中有相当多的观点，一致认为随着从业者获得经验和专业知识的不断增加，他们使用直觉来作出决策，而不必依赖分析思维来指导他们的决策（例如 Bryer，2006；Cesna 和 Mosier，2005）。这是因为专家依赖的是对正常工作的了解，而不是对决策方案进行比较和评估。然而，根据 Benner（1984）的说法，当他们没有在特定情况下的经验时，错误评估情况时，或行为没有按照预期执行时，专家可能会借助分析工具。如前所述，航空公司 OCC 的复杂且具有挑战性的环境决定了对快速准确的决策流程的需求。考虑到第三章中对决策风格的综述，本书的重点是研究航空公司 OCC 中新手和专家运行控制人员的决策风格，以确定是理性方法还是直觉方法更有利于决策结果的改善。

本章小结

决策制定的另一个重要组成部分是决策者的专业水平。本章回顾了专业知识的一些定义方式，并提供了一些关于专业知识重要性的理论背景，尤其是在复杂、具有挑战性的环境中。专家的特征被描述为新手和专家之间的差异。最后，认为考察新手和专家采用的不同决策风格可能会引发一些有趣的问题，从而可能改善决策结果。本研究所依据的主要理论框架已经在前面的章节中进行了描述。本书没有过分强调这一理论基础的文献，只是希望读者能理解这项研究的基本原理。本书的第二部分详细描述了研究的情况，52 名运行控制人员参与其中，特别是将这些理论框架应用于真实工作场所。就航空公司 OCC 而言，这种形式的应用在以前的研究中有所缺失，所以本研究的目的是解决这一缺陷。当然，这项研究可能会更加严格、更耗时、涉及范围更广泛，涵盖影响决策制定的更多因素，事实上，这为 OCC 的进一步研究和工作奠定了基础。本研究是一个起点，读者应该深入研究模拟过程产生的实例，以获得对 OCC 决策的一定程度的理解。

第二篇

研究 OCC 运行控制人员的决策过程

第六章　研究设计

导　言

本章检验了研究中使用的研究设计和方法、解释了研究的目的和初始设计，以及随后使用仿真模拟再现真实 OCC 干扰情景的重新设计。仿真模拟的使用能够捕捉参与者的思维过程；并提供了收集定量和定性数据的手段。与此同时，该方法可以扩展为研究多个案例的方法，这样就能够比较国际与国内环境中运行控制人员的决策过程。最后，本章介绍分析数据的方法。

研究的界限

由于研究的性质，考虑到地理边界、时间、考察的最佳 OCC 种类以及满足目标的需要，所以需要对研究进行一些限制：

1. 该研究仅限于亚太地区的 OCC。
2. 该研究清楚地区分了安全相关的决策与运行相关的决策。例如，安全相关的决策可能由飞行员或空中交通管制员作出，而飞机、人员或航空系统的健康可能或实际上受到损害。然而，虽然这些决定的结果可能在航空公司运行中被考虑到，但 OCC 决策并不直接与安全有关。相反，他们在操作上受到启发。例如，如果 OCC 的决定要求机长向特定方向飞行（如备降），该决定不会损害机长对与该飞机有关的任何安全事项的责任。
3. 在一些 OCC（特别是位于北美的 OCC）中，持有执照的飞行签派员分担飞行问题和持续飞行安全责任，制订飞行计划和监测飞行进度，并在发生干扰时采取行动。在欧洲和亚太地区，飞行计划和签派则在 OCC

外进行。这些地区的OCC运行控制人员在干扰期间管理飞机资源，并与机组人员、维修人员以及其他支持部门（Kohl，Larsen，Larsen，Ross和Tiourine，2007）保持联系。因此，研究的重点仅限于亚太地区运行控制人员决策过程的考察，并将飞行签派排除在外。

4. 该研究的分析结果并不是依据某个特定航空公司而言的，而仅仅考虑了运行控制人员是受雇于国际航空公司还是国内航空公司。

5. 尽管个性的许多方面可能影响决策过程，但这些方面被排除在研究之外。

6. 虽然认识到风险分析可能影响决策过程，但这方面的研究被排除在研究之外。

7. 虽然该研究考虑了时间压力对决策的影响，但参与者的兴奋程度和心理压力超出了研究范围。

8. 该研究将模拟场景的数量限制为三个，作为对时间资源、运行控制人员可用性和研究可管理性的必要约束。

9. 这项研究的重点是研究决策过程以产生决策备选方案。因此，没有考虑对最终决策的识别，选择和评估以及参与者可能采取的行动。

10. 该研究考察了OCC个体的决策过程。虽然团队决策的重要性得到了承认，但研究并未考虑团队决策。这也意味着团队情景意识也没有得到研究。

11. 虽然该研究认识到OCC中的新手运行控制人员可能已经接受过某种形式的培训，但研究并未考察培训对新手决策过程的影响。

12. 该研究没有考虑与OCC人员之间知识转移方面有关的知识管理问题。

13. 该研究没有考虑组织结构对决策过程的影响。

14. 该研究没有考虑使用专家系统，决策支持系统或其他分析工具来协助决策。

假 设

对数据的研究、抽样和收集提出了若干假设。

1. 参与者是航空公司 OCC 运行控制人员。

2. 模拟代表了典型的运行问题。

3. 参与者能够理解研究的要求。

4. 在英语不是主要语言的国家，参与者对语言有足够的了解以便充分参与研究。

5. 参与者坦诚地回答所有问题，并尽其所能。

6. 反应准确地反映了参与者当前的决策过程。

7. 录音带被准确转录并且是真实的采访记录。

数据收集方法

当试图研究现象时，研究人员常常面临一项艰巨的任务，即试图以一种合理的方法准确地捕捉数据，以便在更广泛的人群中进行概括。常用的主要数据收集方法包括调查（包括问卷调查和访谈）、观察和实验 / 仿真模拟，所有这些方法都是适用于特定的研究项目，所以它们都可能具有优势和局限性。例如，调查[①]是划算的且易于分发的，但受访者可能在理解问题以及动机方面存在困难，无论事件是否足够详细描述，以及信息是否可以验证和依赖。此外，它们不适合深入研究单个参与者的想法和感受，因为它们可以抑制自由交流，减少自发性和限制反应。

观察使研究人员能够在行为发生时收集数据，与参与者进行对话或其他方面的交互，并且可能获得更清楚的回应图像。但是，观察者的强迫性可能是有问题的，因为这是一个漫长而昂贵的过程，或者可能缺乏对事件的可预测性。更糟糕的是，许多事件会同时发生，这可能导致具体的观察标准难以分辨或难以执行。此外，捕捉态度和思考过程或阻止观察者的主观性可能非常困难。

仿真模拟可以很好地模拟现实，可以操纵主要变量来再现特定情景，以便研究人员可以研究在现实生活中难以或不可能研究的现象。当然，一个很好的例子就是飞行模拟器。但是仿真需要对模拟环境有全面的了解，并且其结果可能不一定能反映出在更复杂的运行环境中发生的行为。结合仿真模拟，可以使用一种名为“有声思维报告”的技术，使研究人员能够得知参与者的基本思维

---

① 此处调查应该是指调研问卷，译者注。

过程，推理以及分析和解决问题所涉及的行为，从而为研究人员提供丰富信息的来源。分析这些口头报告，可以使研究人员能够考察可能显示的心理过程。有时候，参与者可能无法将自己的想法表达出来，或者不能充分表达自己的思维过程，尤其是当同时考虑多个维度时。在这些情况下，研究人员的谨慎鼓励和非判断性反馈可能会提高答案的准确性。研究 OCC 决策制定的主要目的是捕捉运行控制人员在试图管理干扰时的思维过程。因此，选择适当的数据收集方法非常重要。

初始研究

在进行主要研究之前，在一个 OCC 中进行了初步研究，目的是探索 OCC 管理层最初确定的主题。为参与者设计了一份调研问卷，以便让他们提供应对干扰的决策信息。OCC 管理层认为这种方法会破坏运行控制人员的工作，并阻止收集足够的数据。另一个问题是，当运行控制人员需要集中精力解决运行问题时，他们不愿意而且常常不能参与讨论他们在干扰期间的思维过程。因此，一份称之为“岗位干扰反馈表”（PDFF）的问卷被设计出来，以便在每次干扰之后收集合适的决策信息。PDFF 采取不记名的方式，仅需要参与者提供他们的职务，在航空业和 OCC 的从业年限，以及受教育的水平。

在每次干扰恢复后，要求参与者提供有关干扰性质和原因、他们以往的经验影响其决策过程的程度以及干扰期间他们的情景意识程度的信息。参与者需要为每次干扰完成一个新的“PDFF”。干扰的原因可以从“天气”“工程”“空中交通管制”和“地面代理”等几个选项中选择。OCC 管理层通过在问卷设计阶段提供反馈来验证这些选项。其他问题旨在调查参与者所寻求的信息，例如：“你从哪里获得决策信息？”“你需要多少信息来作决策？”以及“你的决策在多大程度上基于对类似问题的认知？”为参与者提供了一个评论栏，以便就干扰或他们自己在决策中的角色添加一般评论。

限　制

在 PDFF 的管理中，研究人员无法控制几个因素。第一，研究人员对调研问卷的分发影响甚微。尽管 OCC 管理层向研究人员保证将要求参与者完成 PDFF，但没有控制机制来确保这种情况的发生。第二，没有办法确定谁已经完成了 PDFF 以及何时完成。在这个特定的 OCC 中，经过 4 周的数据收集，记录了 15 次干扰，其中一些干扰持续了几个班次甚至几天。因此，任何一个参与者的决策过程和任何一次干扰都很难捕捉到。第三，没有办法比较参与者的决策过程。一些干扰迅速得到解决，要求控制人员作出的决策有限，而另一些干扰持续时间较长，则需要大量的决策。第四，如果同时发生多起干扰，与任何特定干扰相关的决策不一定能够确定。第五，研究人员没有办法确信参与者以何种程度的准确性、诚实性或及时性完成问卷。

初步研究的结果和意义

从初步研究得出的结论是，使用干扰后调研问卷来研究 OCC 中的决策是不恰当的。此外，这项研究是基于运行控制人员的自我反思以及可能在决策发生后对决策的准确分析。这就提出了这样的问题，数据可能包含对事件的准确回忆、可能的错误和偏见。由于这些限制和可预见的获取可靠数据的困难，初始研究被放弃，研究被重新设计。

主要研究

这项研究扩展到调查六个选自亚太地区的 OCC 的决策过程。这种多案例的方法有助于增加数据量，提供更加严格的结果，并加深对这一复杂环境的运行决策的理解。这些 OCC 可供随时使用，并为及时有效地收集数据提供了工作人员和资源，并且没有 OCC 管理层对研究结果表示关注。

通过选择运行国际航班和国内航班的 OCC，运行可以分别考察每个环境中的决策过程。模拟是为了促进这种方法的实施，确保对干扰的控制以及识别和适当记录参与者的反应。为了研究国际和国内环境下的决策过程，该研究涉及了澳大利亚国内航空公司的 OCC 以及亚太地区国际航空公司的 OCC。一家航空公司只提供国际航班服务，两家航空公司只提供国内航班服务，另外两家航空公司同时提供国际和国内航班服务。向在岗或退休的资深 OCC 管理人员构成的专家小组寻求建议，以确保所研究的 OCC 在全球范围内具有代表性，并确保重要和相关问题得到研究。

一般来说，在国际运行中，飞行阶段可能很长（最长达 18 小时），飞机每天只能运行少量的航段，并且在不同的航段之间需要在地面停留很长一段时间（通常为几个小时）。一般而言，国际业务的决策需要很长时间。相比之下，国内航班的飞行阶段通常很短（通常在 1–4 小时之间），飞机通常在一天内运行大量航段（10–12 个阶段），并且在不同的航段之间需要在地面停留的时间较短（通常在 30 分钟到 1 小时之间）。处理国内运行干扰的运行控制人员通常要在很短的时间内作出许多决策。因此，国内业务的决策比国际业务的决策更加紧迫。这些差异为研究国际和国内环境中的决策过程提供了动力。

道德考虑

在开展这项研究之前，必须尊重和保护参与者、他们的福利和他们提供的任何信息。这意味着研究必须确保参与是自愿的、匿名的和保密的，并且确保参与者不会受到任何伤害。此外，研究人员有义务保护参与者的匿名性。因此，在收集任何数据之前应该得到适当的许可。

解释性声明和承诺

在开展研究之前向航空公司管理层和每位参与者提供了书面说明，概述了研究的性质和程序，强调了参与者及其公司的匿名性，并保证了结果的机密性。参与者被告知，他们将接受采访，所有交流沟通都将会被录音。此外，参与者被告知，他们可以要求听取他们访谈时的录音带，尽管没有参与者要求听取该录音。航空公司管理层也能够获得综合结果。参与者被告知他们可以随时退出，但研究中没有任何人退出。最后，在进行研究之前，向航空公司管理层和每位参与者提供承诺书，以确保参与者同意参与研究并同意他们的评论可以录音。

在工作场所收集数据

考察研究对象在自然环境中而非实验环境中的态度和行为是非常有用的，但有时研究人员很难进入自然状态。如果研究人员尚未与管理层或参与者建立信任，通常情况就是这样。在这项研究中，研究人员作为前 OCC 运行控制人员的重要工作经历提供了高度熟悉度和个人经验。因此，融洽，相互尊重，重要的是，信任被及早地建立起来，这对于研究人员能够深入探索运行控制人员的决策过程至关重要。为了促进这一过程，OCC 的管理人员向参与者介绍了研究的目的和研究人员的背景。

模拟设计

模拟是与两位独立专家合作设计的。一位在国际 OCC 方面有丰富经验的专家协助设计了国际 OCC 的模拟。另一位在国内 OCC 方面有丰富经验的专家协助设计了国内 OCC 的模拟。向其他四位专家展示了该模拟设计，以便获得修改反馈和建议。模拟设计中专家的价值在于确保模拟能够反映现实且足够复杂的干扰，从而可以彻底研究决策过程。上述这些专家均未参与这项研究。数据收集阶段的所有信息和交流都是以航空的国际语言英语进行的。

国际模拟

其中一组模拟代表了一个国际航空公司运行的航班时刻表运行。这些模拟中的航空公司的基地位于亚太地区的虚拟地点，并被命名为“太平洋”。由于有来自几家亚太地区航空公司的 OCC 运行控制人员的参与，该基地的选址和命名避免了任何参与该项研究的特定航空公司 OCC 的偏见或不公平感。提供给参与者的信息包括模拟时“太平洋”的大致位置和当地时区，这些都在所提供的地图上标注出来。参与者可以通过查询所提供的航班时刻表来确定飞行时间，以及确定从“太平洋”到任何目的地的距离。在国际模拟中，机队由 18 架飞机组成，包括 6 架可载运 450 名乘客的大型（远程）飞机以及 12 架能够载运 250 名乘客的小型（短途）飞机。具有国际 OCC 决策经验的专家组成员一致认为，所选择的航班时刻表、飞机尺寸和类型适合国际模拟。

国内模拟

另一组模拟代表了一个虚拟的国内航空公司运行的航班时刻表。这家航空公司位于澳大利亚，参加国内模拟的运行控制人员在位于澳大利亚或新西兰的航空公司工作。因此，这些运行控制人员熟悉澳大利亚的航班时刻表以及澳大利亚航空公司所运行的机场。在国内模拟中，机队由 20 架飞机组成，包括 6 架可载运 250 名乘客的大型（宽体）飞机以及 14 架可载运 150 名乘客的小型（窄体）飞机。具有国内 OCC 决策经验的专家组成员一致认为，所选择的航班时刻表、飞机尺寸和类型适合国内模拟。

飞行显示

航班时刻表显示在一个静态的视觉显示器上，显示屏上显示的是一天的完整的航班时刻表和第二天部分航班时刻表。视觉显示器适合于该研究，因为它们易于携带（因为需要在不同的 OCC 中开展研究），不需要与航空公司的其他基础设施兼容（例如计算机设备），并且使参与者能够一次查看整个运行而无须移动显示器的部分显示内容。每个显示器都是薄片状的以便参与者能够在其上面书写或绘图。在每个显示器的顶部和底部，都有一根代表时间的横轴，时间刻度是小时。在每个显示器的左侧，有一根纵轴，它显示了虚拟的飞机注册码以识别机队中的每架飞机。为了便于识别，飞机的种类用不同的颜色标注。第二纵轴显示了在需要维修服务之前飞机可以飞行的小时数。例如，在飞机航班注册码旁边的时间“12.15”表明，在需要维修服务之前，飞机最多可以飞行 12 小时 15 分钟。在显示屏的右侧，同样也有纵轴显示了飞机注册码，同时还显示了所有维修要求，例如计划维修服务和发动机更换。

为模拟设计的航班时刻表是为了再现典型的航班时刻表。每个航班都由一组信息（航班信息条或有时称作 puk）表示，包括航班号（黑色背景上的白色），该航班实际载客量（黄色），出发机场和时间（白色）以及到达机场和时间（白色）。如上所述，每个航班信息条的背景颜色被设计成代表一种类型的飞机。运行控制人员能够通过航班信息条的相对大小来确定飞行的持续时间。例如，从“太平洋”到墨尔本的 8 小时 20 分钟的飞行显示为沿着时间轴的总飞行时间为 8 小时 20 分的航班信息条。如果航班运行时间超出了显示屏所显示的时间范围，航班信息条会被一系列黑色十字截断。例如，国际模拟显示，远程航班从头一天开始，第二天到达。这种不连续性是视觉显示器的局限性，并在简报中向参与者给出了这种限制的解释。根据显示器中使用的连续时间刻度，航班信息条定位在显示器上。它是一种非常接近运行控制人员通常使用的计算机显示器。

国际航班时刻表显示

首先，对于国际模拟，时间尺度以协调世界时间（UTC）显示，从 2100 开始，并在 1500 结束。此尺度以前称为格林威治标准时间（GMT）。国际 OCC 使用 UTC 时间。因此，运行控制人员熟悉国际模拟中使用的时间尺度。

其次，水平时间尺度显示了“太平洋”的当地时间。“太平洋”当地时区被选为 UTC 加上 9 个小时。时间范围的选择是为了再现短途国际航班运行的最常见时间。由于远程航班在 24 小时内运行，显示器的设计并不依赖于这些时刻表。附录 B 提供了国际模拟的航班时刻表。

国内航班时刻表显示

对于国内模拟，时间刻度采用的是澳大利亚东部时间，运行时间从 0600 开始，第二天 0100 结束。时间范围的选择是为了再现国内航班运行的最常见时间。在收集数据时，澳大利亚的 OCC 按照类似的时间刻度运行。因此，运行控制人员熟悉国内模拟所用的时间尺度。垂直虚线代表小时分区，这可以让运行控制人员根据计划的出发和到达时间在显示屏上查看航班。研究人员可以沿着时间轴定位一条可移动的时间线，以指示当天的具体时间。例如，时间线可以被定位用来指示场景开始的时间，或者被重新定位以指示在情景中已经逝去的时间。附录 C 提供了国内模拟的航班时刻表。

模拟场景

与专家小组合作设计了一系列模拟场景。这些场景包括了针对国际和国内业务的三个典型运行问题。国际和国内模拟中的三种场景完全相互独立。就干扰的性质、决策的时间框架和决策的后果而言，每一个后续场景都比前一个场景更为复杂。为每个国际和国内模拟制作了一个简短的录音带，以确保所有参与者在场景开始前收到一致的简报。该录音带为参与者提供了研究的基本原理以及研究人员背景和运行经验的信息。该录音带还提供了模拟中使用的静态视觉显示器的详细说明以及描述了要进行的模拟过程。特别地，录音带还概述了研究人员在模拟过程中要扮演的角色。一个角色是根据脚本实施模拟并为参与者提供场景或其他信息。另一个角色是充当资源基地，模拟与航空部门的通信，例如，机组、维修和机场代理以及其他航空部门；运行控制人员通常在干扰管理期间进行联系的空管部门。这个角色有助于增强模拟的真实性。

国际模拟场景

在国际模拟中，场景一描述的是乘客联程问题。向参与者提供了初始信息，并要求他们作出是否要延误远程国际航班的决定，以便等待从另一航班抵达的 55 名进港旅客。场景二描述了停留在欧洲机场的出现机械故障的飞机。要求参与者根据收到的初始信息确定他们将采取什么行动，以及一旦机械故障解决后他们将采取什么行动。场景三描述了发生在航空公司主要运行机场的一个重大天气问题（即将到来的台风）。参与者被要求说明他们为应对天气干扰做准备时将采取的行动。

国内模拟场景

在国内模拟中，场景一描述的是乘客联程问题。参与者被要求作出他们是否会推迟国内航班的决定，以便等待 25 名来自延误国际航班的进港旅客。场景二描述了飞行中的机械故障。参与者被要求说明他们将对遇到机械故障的飞机采取什么行动。场景三描述了两个同时发生的问题。由于天气条件（雾）在两个机场逐步恶化，参与者被要求就航班运行作出若干决定。与此同时，参与者被要求协调一架可用的飞机以运行两个商业包机航班。

研究开始

每次模拟都在研究人员和一名参与者之间进行，模拟的地点虽然是在参与者的工作场所，但是在远离运行大厅的单独房间中进行。参与者受其管理者邀请自愿参与研究。由于只有一家航空公司的 OCC 运行控制人员拒绝参与这项研究，因此该样本对所研究的航空公司中的运行控制人员具有高度代表性。在模拟期间，没有任何参与者在任何阶段退出研究。在同时运行国际和国内业务的两家航空公司的 OCC 中，参与者既可以担任国际运行控制人员，也可以担任国内运行控制人员。这些参与者被允许选择参与国际或国内模拟。

在进行模拟之前，每位参与者都听取了 5 分钟的音频简报录音带。在简报录音带结束时，参与者被问到是否需要明确任何信息或是否需要更多信息。当参与者表示他们准备好可以开始模拟时，录音带被更换，录音机被设置为记录所有后续的沟通，从而准确描述研究背景中的关键事件。模拟录音提供了两个重要的好处。首先，保留了参与者原有的想法和文字；其次，确保所记录的内容准确无误。在研究过程中，录音过程似乎不会对模拟产生任何干扰，参与者对录音机的存在没有不良反应，甚至在更换录音带时还会保留评论。

研究人员通过向参与者展示航班时刻表的使用和描述显示器来开始模拟。参与者被要求熟悉使用情况，并将观察结果和任何问题传达给研究人员。随着每个场景的推出，参与者被要求在考虑运行干扰时进行有声思维报告运行。在每个场景中，都会向参与者提供实时信息。当参与者提出要求时，研究人员会提供有关信息或回答相关问题，例如机组可用性或执勤人员表、乘客联程、机场或空中交通管制的相关信息，维修要求和天气条件等。

随着干扰场景的引入，参与者试图为问题构建解决方案。通过观察参与者的行动和倾听他们的言语思维过程，研究人员可以深入了解参与者的决策过程，并进一步探索特定的主题。因此，不仅收集了有关决策者正在考虑的"什么"的信息，更重要的是，他们正在"如何"应用这种方法。例如，如果一个参与者对少数乘客（预订乘客比例、可用座位）的航班发表评论，研究人员可以探讨参与者评论的原因。研究人员还提出了诸如"你为什么怀疑工程师提供的信息？"或"你怎么知道你有足够的信息来帮助你作出决定？"等问题。

观察中的一个重要方面是研究人员识别参与者身体动作、面部表情或运动技能等行为的能力。在模拟过程中，参与者经常变得沉默，但进行了诸如指点之类的物理运动，因此，研究人员对这些时间的容忍度，使原本可能被忽略的观察成为可能。在这些时候，会出现一些提示以解决思想不明的问题。这些提示被缩短并且不具有指导意义，以最大限度地减少对研究人员存在感或对参与者思维过程的干扰。

有时候，使用有声思维方式收集数据的可能出现困难是因为发生了未报告的信息。所以，如果一个参与者没有口头表达思想，或者作出突然的回应，就会提出诸如"你现在在找什么？"或"你在想什么？"等探究问题。这有助于获得更多关于早期答复的信息或澄清评论。需谨慎行事以防止对参与者的想法或行为产生偏见，这些提示实际上有助于研究人员和参与者之间的对话。事实上，在某些情况下，参与者主动扮演模拟角色。例如：

> "Crew Man 先生，全体机组可以扩展到什么程度？"以及"好的，Met Man 先生，你能告诉我目前'太平洋'的天气情况吗？"（案例编号：307[①]）

另一位参与者（308）与研究人员自由交谈：

> （参与者）"我们在布拉沃酒店遇到了这个问题。"

---

① 具体的航空公司 OCC 的参与者分配的唯一案例编码

（研究人员）“是的，我们刚刚听说过，可能会换泵。我们不认为我们在 CDG [巴黎] 有泵，但我们现在正在核实。一有消息就会告诉你。”

（参与者）“好吧，你觉得什么时候才能知道？”

（研究人员）“我们现在正在打电话，所以不会太久。”

（参与者）“好的。是否需要在换泵之后进行试运转，还是需要两个小时才能完成？”

从参与者使用的会话方法来看，角色扮演表明了参与者可能在 OCC 出现实际干扰时作出反应的方式。这些回应也表明，这些模拟代表了运行控制人员所在的 OCC 工作场所。尽管模拟没有时间限制，但场景会持续到参与者产生了备选方案或研究人员确定通过延长允许的时间不会获得进一步的信息。结果，每个参与者的模拟通常进行一个小时。

数据转录

一旦录音带被逐字转录，很明显参与者经常发表可能被认为是多余或重复的评论。然而，研究人员认为这些评论可能对研究很重要，因为他们表明了对特定方面的关注。因此，这些评论保留在转录中。然后转录文件将被打印出来，研究人员将通过对比书面文件与相关录音进行校对。在可能的情况下，对由于曲解或误解术语而导致的转录错误进行修改。对录音带中评论不清楚的内容，在转录文件相应位置上作出“听不清”的标注，而且这些信息没有用于分析。

由于多种原因，研究人员对转录文件进行了微小的修改。在确定了航空公司、人员或特定计算机软件品牌名称的情况下，插入了航空公司名称、航空公司人员或计算机软件等注释。为了避免在模拟中使用的航班号（例如 705）和时间（例如，早上 7 点 50 分）之间的混淆，所有转录的时间被标准化为 24 小时（例如，0705）。当机场的缩写或其他特定术语与国际标准不一致时，进行了更正。例如，对于澳大利亚堪培拉机场，转录词“CAN”（实际上是中国广州的代码）已更改为正确的代码“CBR”。在航空公司之间所使用的术语存在差异时，模拟中使用的术语适用于该航空公司的参与者。例如，在一家航空公司，对于使用“转机者”这个术语的参与者而言，他们不熟悉“换乘者”一词（从一架飞机连接到另一架飞机的乘客）。因此，出于收集该航空公司数据的目的，研究人员将这些乘客称为转机者。

数据的可靠性

通过定性方法收集数据存在的一个问题是，由于采访是逐字转录的，所以其结果总是非结构化且笨拙的。捕捉现实的复杂性并理解数据的意义取决于其未来的使用。使用 Ericsson 和 Simon（1993）开发的协议分析程序来分析口头报告。为了实现这一点，每个参与者都被分配了一个唯一的案例编号，以确保在模拟过程中收集的数据与参与者相匹配。从数据中确定主要主题需要一些解释许可。为了确保这些解释不会歪曲数据，需要从协助设计模拟的专家那里得到判断。研究人员根据情景意识和决策考虑将参与者的评论分为三类：初级、核心和高级。评论被进一步分为子类别，以提供更深入的信息，并将重点放在分析上。为了提供一致性的措施并确保数据分类的一致性和严密性，专家们使用卡片分类程序进行了评估人员间的比较。专家根据三个类别对一系列包含评论子类别的卡片进行分类。为了将参与者的评论对应到上述三个类别，还进行了评估人员间的比较。对于这些比较，专家对来自国际模拟（N = 33）的随机选择的转录物（n = 3）和来自国内模拟（n = 19）的随机选择的转录物（n = 2）进行编码。

根据 Goodwin 和 Goodwin（1985：7）提供的公式计算评估人员间的可靠性估计值："编码一致的数量 / 编码一致的数量加上编码分歧的数量"，其中一致是评估人员对响应的分类达成一致的次数。根据 Miles 和 Huberman（1994）的说法，70% 的评估人员间的可靠性是令人满意的。将子类别归类到三个大类别的整体平均评估人员间的可靠性为 0.73，而将参与者的评论归类到子类别的评估人员间的可靠性为 0.88。如果研究人员和专家在分类或观察到的分类内的反应方面存在分歧，那么研究人员和专家就需要对每个情况进行讨论并达成共识。

记录反应的方法

为了记录参与者的反应，可以使用各种方法和设备，包括书面、磁带录制、计算机数据输入或这些方法的组合。但是，使用的方法可能会影响结果。例如，让参与者以书面形式回应可能是乏味和限制的。其中一项研究得出的结论是，任务中使用的纸和铅笔的不真实感可能会影响结果（Adelman，Tolcott 和 Bresnick，1993）。

研究人员也可能在记录参与者反应时由于观察的专注而遇到困难。手写的书面记录可能难以创建和分析，因为笔记可能只是有条理的口头表达，或可能是经过修饰或省略的信息。作为克服这些问题的一种手段，录音机有时被作为提供更可靠的手段来获得对话的文字记录。为了清晰起见，录音可以重播，或改进转录文件（因为是根据录音而制作的）的质量。重要的是，录音机需要的关注比较少，这样使观察者能够专注于任务。Berg（1995）提出，在参与者之间放置录音机可能是具有干扰的。然而，参与者可能会专注于任务，以至于他们很快习惯了录音设备的存在。在这项研究中，参与者被要求在决策过程中对他们的思维过程进行口头表达。采用录音机录制他们的评论，提供了一个捕获完整的原始数据的适当方式。研究人员的经验以及他对 OCC 环境、运行控制人员工作惯例和常用术语的熟悉程度是解释观察结果的重要因素。将有声思维报告与模拟结合使用是一种通常用于深入了解思维过程的技术。因此，考虑到很难研究参与者情景形成的记忆图像的方式，这种方法也适用于该研究。

研究的参与者

研究人员收集了个人人口统计学数据，包括参与者的性别和年龄等变量，并收集了专业人口统计数据，包括参与者在航空业的服务年限，运行控制领域的服务时间以及以前的职业经历。

个人人口统计学变量

性别

表 6.1 列出了国际和国内模拟中不同性别参与者的数量和百分比。研究中几乎所有参与者（90%）都是男性。来自专家组的事实证据表明，研究 OCC 中男性与女性的比例也是航空公司 OCC 比例的代表。

表 6.1　国际和国内模拟中不同性别的参与者的数量和百分比（*N*= 52）

性别	国际模拟参与者（*n*=33）		国内模拟参与者（*n*=19）		参与者总数	
	f	%	*f*	%	*f*	%
男	29	88	18	95	47	90

续 表

性别	国际模拟参与者（*n*=33）		国内模拟参与者（*n*=19）		参与者总数	
	f	%	*f*	%	*f*	%
女	4	12	1	5	5	10
共计	33	100	19	100	52	100

年 龄

表 6.2 列出了国际和国内模拟中不同年龄的参与者的数量和百分比。年龄在 21–30 岁之间的参与者比例很低，这表明 OCC 可能会寻求雇佣年龄较大且具有丰富工作经验的运行控制人员。近一半的参与者（42%）年龄在 41–50 岁之间。这可能表示运行控制人员的最佳年龄段。

表 6.2 国际和国内模拟中不同年龄的参与者的数量和百分比（*N*= 52）

年龄	国际模拟参与者（*n*=33）		国内模拟参与者（*n*=19）		参与者总数	
	f	%	*f*	%	*f*	%
21–30 岁	1	3	4	21	5	10
31–40 岁	13	39	4	21	17	33
41–50 岁	13	39	9	47	22	42
51–60 岁	6	19	2	11	8	15
共计	33	100	19	100	52	100

专业人口统计学变量

航空业服务年限

表 6.3 列出了国际和国内模拟中具有不同行业从业年限的参与者的数量和百分比。超过一半（58%）的参与者在航空业工作超过 15 年。这一级别的行业经验对于国际和国内 OCC 参与者来说显而易见，并且表明行业经验可能是 OCC 就业的一个关键准则。

表 6.3 国际和国内模拟中具有不同行业从业年限的参与者的数量和百分比（N= 52）

航空业服务年限	国际模拟参与者（n=33）		国内模拟参与者（n=19）		参与者总数	
	f	%	f	%	f	%
<1 年	0	0	3	15	3	6
1–5 年	2	6	1	5	3	6
6–10 年	6	18	2	11	8	15
11–15 年	6	18	2	11	8	15
>15 年	19	58	11	58	30	58
总计	33	100	19	100	52	100

OCC 的服务年限

表 6.4 列出了国际和国内 OCC 中具有不同 OCC 工作年限的参与者数量和百分比。约三分之一（31%）的国际和国内 OCC 参与者具有 6–10 年的 OCC 工作经历。

表 6.4 国际和国内 OCC 中具有不同 OCC 工作年限的参与者数量和百分比（N=52）

OCC 中的服务年限	国际模拟参与者（n=33）		国内模拟参与者（n=19）		参与者总数	
	f	%	f	%	f	%
<1 年	5	15	4	21	9	17
1–5 年	8	24	3	16	11	21
6–10 年	10	31	6	31	16	31
11–15 年	2	6	3	16	5	10
>15 年	8	24	3	16	11	21
总计	33	100	19	100	52	100

以前的职业

表 6.5 显示了国际和国内模拟中具有不同职业经历参与者的数量和百分比。在该研究中，一半（50%）参与者在 OCC 工作之前获得了航空公司机组排班

和签派部门的经验。这表明 OCC 认识到采用具有处理与 OCC 日常运行密切相关工作经验的运行控制人员的重要性。在参加国际模拟的 33 名参与者中，有 28 名参与者（85%）表示他们有过航空相关职位方面的工作经验，如签派、机组排班、飞行员 / 飞行工程师、预订 / 销售、国防部队、海关和航班计划。其他 5 名参与者（15%）表示以前在金融、电视销售和银行等非航空部门供职过。在参加国内模拟的 19 名参与者中，14 名参与者（74%）表示他们有过航空相关职位方面的工作经验，例如签派、机组排班、飞行员 / 飞行工程师、预订 / 销售、空中交通管制（ATC）和国防部队。其他 5 名参与者（26%）表示以前在酒店、警察、汽车和电影行业等非航空部门供职过。这些数据表明 OCC 管理层认识到先前的航空相关经验对于运行控制人员的雇佣至关重要。此外，OCC 管理层高度重视解决与 OCC 密切相关领域中日常问题的运行经验。

表 6.5　国际和国内模拟中具有不同职业经历参与者的数量和百分比（*N*= 52）

以前的职业背景	国际模拟参与者（*n*=33）		国内模拟参与者（*n*=19）		参与者总数	
	f	%[①]	*f*	%	*f*	%
签派 / 机场 / 货运	10	30	4	21	14	27
机组排班	6	18	6	32	12	23
飞行员 / 飞行工程师	6	18	2	11	8	15
预订 / 销售	3	9	4	21	7	14
国防部队	4	12	2	11	6	12
空中交通管制	0	0	4	21	4	8
航班计划	2	6	0	0	2	4
海关	1	3	0	0	1	2
非航空背景	5	15	5	26	10	19

总之，研究中几乎所有参与者都是男性，大部分参与者年龄在 31–50 岁之间。近四分之三的参与者拥有超过 10 年的航空业经验，近三分之一的人拥有超过 10 年的 OCC 经验。由于近四分之三的参与者都曾在这些领域（如签派、

① 参与者报告了几个以前的职业背景。因此，百分比不是累积的。

机场代理、机组排班、飞行员和空中交通管制）有过经验，因此 OCC 似乎聘用了具有与 OCC 运行密切相关的领域经验的运行控制人员。

本章小结

本章介绍了研究的设计和所用方法。该章解释说明，使用调查问卷无法收集足够的数据导致研究人员放弃了初步研究。随后的研究重新设计得出使用模拟来研究在 OCC 干扰期间运行控制人员的决策过程。这种方法为研究提供了一种更适当的手段，用以考察运行控制人员在不同场景中的决策过程，这些场景再现了实际 OCC 的干扰场景。在决策过程中，有声思维报告与模拟结合使用来捕获参与者的思维过程，并解释了记录和捕获数据的方法。将研究扩展为多案例分析方法，可以对国际和国内环境下的决策过程进行比较。最后，本章提供了参与研究的参与者的个人和专业人口统计学信息。

第七章　国际模拟

导　言

本研究的一个重点是研究时间限制对 OCC 运行控制人员决策过程的影响。这是通过分别考察国际 OCC 和国内 OCC 的决策过程来实现的。这是因为每个环境中的决策都是非常独特的。在国际运行中，远程航班可能长达 18 小时，短程航班可能长达数小时，在不同航班之间，飞机需要在地面等待几个小时（等泊时间）。这使得运行控制人员在评估可能出现的干扰以及随之采取的措施时拥有一定的时间自由度。但是，国内业务存在实质性差异。国内航班飞行时间通常很短（1–2 小时），飞机等泊时间通常在 30–60 分钟，并且受航空公司运行网络的性质影响，进出港航班之间可能需要大量的机组人员和旅客转机时间。因此，干扰的决策可能是紧张的，决策时间也明显缩短。第七章介绍了 33 位参与者在国际模拟中决策过程的结果和分析。第八章将介绍 19 位参与者在国内模拟中决策过程的结果和分析。

本章首先讨论了分析的范围和用于考察国际模拟数据的程序。其次，讨论在三种场景开始之前，参与者在模拟中获得初始情景意识的程度，并将信息完整性作为本部分情景意识的一个方面来进行考察。再次，我们考察了经验和专业知识对情景意识的影响以及参与者将决策注意事项作为决策过程一部分的方式。本章的主要部分是介绍三种国际场景的结果和分析。由于整个数据的复杂性，每种场景的结果和分析都是分开列出的。研究人员也考察了情景意识、信息完整性和决策注意事项之间的关系。此外，该研究调查了参与者的专业知识和决策风格对决策注意事项的影响。最后，研究了参与者产生决策备选方案的程度。

研究的范围

研究的重点不是考察或评估参与者可能为解决问题而采取的行动。这是因为 OCC 中的问题通常有几个解决方案，所有这些解决方案都可能具有实际操作意义。因此，决策过程的研究仅限于可能产生解决问题备选方案的阶段。就理性模型而言，这个阶段恰好在选择阶段之前。就 RPD 模型而言，这个阶段是指在行动的心理模拟发生之前。

实施国际模拟

33 名参与者参与了国际模拟，该模拟分为两个阶段。第一阶段要求参与者了解国际航班时刻表。这一阶段的数据分析主要是考察了变量情景意识和信息完整性之间的关系。该阶段也分析了参与者的经验和专业知识。第二阶段要求参与者评估三种场景并解释他们的决策过程。第二阶段的数据分析研究了情景意识、信息完整性、决策注意事项、决策风格以及决策备选方案产生等变量之间的关系。这些变量是根据参与者的专业知识来进行分析的。在模拟过程中，所有参与者的评论都被录音，然后逐字转录。在整个分析过程中使用转录文件的适当段落来说明特定的几点，并将参与者的案例号码标记在每个段落后的括号内。

初始情景意识

在航空公司的 OCC 中，运行控制人员通过熟悉飞行显示器和接受其他工作人员的简报，在交班开始时获得最初的情景意识。对于运行控制人员来说，虽然在交班伊始不发生实际或潜在的运行干扰的情况并不常见，但模拟的设计使得在熟悉阶段不会发生干扰。这对研究很重要，因为它使研究人员能够最大限度地收集参与者的初始想法。

参与者有几分钟时间查看航班时刻表，描述他们的观察结果，并询问他们认为必要的信息。他们同时被要求描述他们的想法。通过这种方式，研究人员可以识别他们的初始情景意识。为了在这个阶段提出评论，参与者被问到诸如“你开始寻找什么？”“什么脱颖而出？”“你如何简要介绍自己？”以及“你在寻找特定的东西吗？”在熟悉阶段询问这类问题很重要，其原因有很多。这个阶段第一次提供了抓住参与者最初想法的机会。此外，研究人员可以澄清参与者所理解的飞行显示的元素，并可以解释他们的任何误解。例如，参与者理解所使用的颜色图例对于帮助他们处理相关信息来说是非常重要的。

通过记录参与者在熟悉阶段的评论来衡量情景意识。虽然有声思维报告可能没有给出个人情景意识的完整描述，但他们提供了及时丰富的信息。一些参与者（12%）评论说，他们使用熟悉阶段时间来了解时刻表的大致情况。例如：

> 我只是想大致了解一下网络的状况和客座率，看看是否所有航段都客满了，或者我们今天是否在某些航段客座率不足——类似这种描述。（217）
>
> 所以基本上它可以让你全面了解一天的运行情况，所以当事情发生时，你就坐下来等待。好处是当问题发生时，你已经准备好了。（503）

其他参与者的评论（9%）表明，他们似乎在这个熟悉阶段通过形成一个情景图片来获得这个概况。这一过程已在其他研究中确定。例如，在应急管理中，高级医疗派遣人员将情景意识称为头脑中的图像（例如 Blandford 和 Wong，2004：435），并且在 ATC 中，将管制员脑海中形成的图片视为空域的心理表征（例如 Garland，Stein 和 Muller，1999）。这些研究表明，形成这种情景的图像可以使人们获得情景意识，并通过它来促进决策。因此，在 OCC 中形成合适的飞行显示画面似乎有助于运行控制人员建立他们的情景意识，这对于促进三种场景中的决策可能是重要的。

大多数参与者（85%）表示，他们详细了解了飞机的使用情况，以寻找潜在的问题领域。例如：

> 我在寻找裂缝、备用飞机、维修限制……任何可能已经存在的延误因素，同时也在寻找在哪里可以通过更换飞机来消除这种情况。（306）
>
> 首先我要看看时刻表是否有冲突。如果有任何重叠（运行控制人员用来表示航班之间的地面时间不足而导致延误发生的术语），则很明显存在问题。（505）

此外，一些参与者（24%）确定了关键业务，如可能暗示运行限制的超远程航班。例如：

远程航班将受到飞行时间、起飞重量以及机组的影响。如果客座率比较高，飞行时间过长，风向为逆风，则会对飞行造成一些限制。（504）

这些评论表明参与者似乎使用一系列方法来获得情景意识。虽然很明显参与者观察到飞行显示的许多方面，但对这项研究的进一步考虑是确定他们所寻求的信息范围。

信息完整性

在熟悉阶段，很明显许多参与者认为他们所观察到的信息不足以了解全面的情况。这些参与者进一步询问信息，以帮助他们增加对航空公司运行情况的了解，以获得更完整的图片。在研究中，这被称为信息完整性。除了衡量参与者所观察到的信息，重要的是还需确定参与者未能观察到但应该知道的信息，例如：

你应该也会考虑天气因素，或者任何可能影响时刻表性能的行业或环境因素，这可能会导致时间限制。（308）

虽然飞行显示器显示了某些信息，例如每个飞行阶段的维修要求和限制以及客座率，但参与者表示他们需要额外的信息来提高情景意识。例如：

如果有任何我认为有争议的事情，那么首要的就是维修。我会立即与相关机队的维修计划人员或调度员进行交流。（211）

我希望了解有关机场的信息以及飞机将要去哪个机场，或者由于机场宵禁、跑道工程和延误，飞机到达这个机场的时间。（504）

大多数查询涉及维修（42%的参与者）、客座率和转机（36%）、管理（30%）、机组人员（21%）和天气（21%）。这些关注表明许多参与者认为更多具体的信息，例如机场宵禁和时间追踪的存在，对于获得情景意识至关重要。在他们的日常工作场所中，这些参与者习惯于接收更多信息，或者他们可能会努力自己去获取信息。无论如何，这些参与者似乎对他们从飞行显示器中观察获得的初步信息不满意，并且寻求某些额外的信息来处理特定的运行问题。

情景意识评论的分类

Endsley（1995a：36）解释说，获得情景意识的第一个水平是“感知环境中相关要素的状态，属性和动态”，并提供了这种识别水平的例证，例如飞行员对飞机或山峰的感知。但是，在模型的第一水平中，她没有区分可以识别的元素。例如，飞行员认为另一架飞机的重要性与山峰的重要性没有不同。相反，这两种感知所带来的威胁似乎在她模型的第一水平中被认为是相当的。

在这项研究中，熟悉阶段的评论表明参与者考虑了广泛的信息以获得情景意识。例如，一些参与者观察到诸如航班装载等基本信息，而另一些则发现了更为复杂的信息，例如关键的远程运行。这表明在模型描述的情景意识的感知水平内，可能还有几个子水平。虽然运行控制人员需要了解相关因素，但这些发现对研究很重要，因为他们表明参与者可能认为某些要素比其他要素更重要。如果是这种情况，可以预期，对更复杂元素的感知会导致较高的情景意识。因此，决策应该变得更加有效。为了进一步探索，我们研究了情景意识的水平与参与者的经验和专业知识水平之间的关系。

参与者在模拟的熟悉阶段进行的评论被加权并根据复杂程度分为三类情景意识。这些类别被称为初级、核心和高级情景意识。在每个类别中，子类别与评论焦点相关。将参与者的评论归类到情景意识分类的评估人员间的可靠性为 0.77。将评论归类到子类别的评估人员间的可靠性为 0.69。共有 157 条与情景意识相关的评论，其中被归类为初级的有 20%，核心的有 55%和高级的有 25%。

初级情景意识

当参与者的观察似乎是基于从显示器中获得的信息时，评论被归类为初级情景意识。一些一般性评论涉及参与者使用物理显示器的方式。例如：

> 时间线会调整我来适应我当天开始工作的时间，它只会让我的脑海中记住即将到来的航班，以防我可能会接到电话。我可能会接到飞行员报到

或其他事情的电话。(305)

客座率（出现在每个航班上的订座乘客）都已经被清楚地写在航班信息条上。超过一半的参与者（55%）表示他们仔细考察了这些客座率，以确定哪些航班客座率高或低。例如：

我正在查看航班有多少预订乘客，以确定是否超出了飞机的容量。(213)

当参与者认为在熟悉阶段观察到足够的信息时，评论也归类为初级情景意识。他们在这个阶段没有从飞行显示器或研究人员那里寻求进一步的信息。此外，他们表示这种情景意识水平是足够的，直到业务干扰改变了这种情况。例如：

如果你接管并且没有问题，那么在发生特定问题之前，我不会寻找其他任何东西。(205)

这些评论表明，一些参与者要求提供的信息只能给他们提供基本的情景意识水平。然而，这种情景意识水平本身并不足以帮助在复杂情况下作出有效的决策。根据评论的重点，初级情景意识水平内的评论被进一步分为三个子类别。表 7.1 列出了基本情景意识水平中的评论数量和百分比。

研究中没有参与者仅在初级情景意识水平上确定了子类别。虽然大多数参与者（75%）确定了初级情景意识的子类别，但其中 44%的参与者也确定了核心情景意识的子分类，其中 56%的参与者确定了各级情景意识中的子分类。这表明大多数参与者意识到，他们只能从初级阶段的信息中获得表面上的情景意识，并需要更先进的信息才能更全面地了解运行情况。

表 7.1　初级情景意识水平中的评论分类（N= 33）

参与者确定的子类别	f	%
仅限一般概述	9	29
客座率	18	58

续 表

参与者确定的子类别	f	%
等待干扰发生	4	13
评论总数	31	100

核心情景意识

第二类情景意识被称为“核心”情景意识。分类为核心情景意识水平的评论超出了初级情景意识水平的表面评论。在核心层面，参与者确定了可提供更高情景意识水平的子类别，这能使参与者预测潜在的干扰。例如：

我将要看看飞机的使用情况，以及短程航班机队的地面时间。短程航班机队通常更加动态，所以我会看看我可用的地面时间类型；换句话说，我要看看我可用的时刻类型。（211）

你应该看看你的时刻表，是否准时，这些航班是否会有重叠或可能发生换飞机的情况。（309）

参与者还确定了更复杂的飞行显示的方面。例如，79%的参与者提到了维修方面，不论飞行显示器上已经提供的维修信息。

我在寻找这些维修要求，所以我不得不假设那架飞机仍然会有实际的维修工作，而当它返回基地时会进行小检查。大多数飞机都需要进行某种检查。我必须知道这些检查需要多少地面时间。（216）

那些距离起飞时间很短的飞机，如果他们需要检查，你必须把它们带回基地。这意味着你不能把它放在外站而必须把它带回基地进行检查。（404）

根据评论的重点，情景意识核心水平的评论被进一步分为五个子类别。表7.2 列出了情景意识核心水平中的评论数量和百分比。

表 7.2　情景意识核心水平中的评论分类

参与者确定的子类别	f	%
飞机计划和类型	28	32
航班之间的时间间隔	20	23
维修要求或问题	26	30
机组衔接和执勤期限	12	14
最小的乘客转机时间	1	1
评论总数	87	100

表 7.2 中的数据表明了参与者关注的与航班延误相关的方面，它们是航班时刻表和类型（由 85%的参与者确定），维修（79%）以及航班间隙（61%）。参与者关注这些子类别表明，他们搜索的信息可能有助于确定可能出现干扰和后果的领域。这与仅着重于获得大致情况或仅观察基本信息形成对比，后者在初级情景意识水平是显而易见的。虽然有 75%的参与者确定了初级情景意识水平的子类别，但是所有参与者都在核心情景意识水平确定了一个或多个子类别。

从这个结果看来，所有的参与者都认识到仅依靠基础信息不足以使他们为运行干扰做好准备。然而，这确实提出了另一个问题，即参与者曾指出核心水平的子类别，但没有提到任何初级水平的子类别。这个问题的一个可能的解释是这些参与者口头描述了所有观察结果，尽管探究问题可以获得进一步的信息或澄清评论。

高级情景意识

研究中的第三类情景意识被称为“高级”情景意识。除了在初级或核心层面获得情景意识，被归类为高级情景意识的评论表明了参与者确定了可能影响某些航班的更关键和复杂的方面。许多参与者确定了管理限制，例如机场宵禁时间（36%）和当前的天气状况或潜在的天气问题（30%）。其他参与者（24%）确定了关键业务，如超远程航班。例如：

另一件事是飞机性能折旧的情况。有时候，对于一些像伦敦飞往“太平洋”的远程航班，如果航班还没有起飞，通过选择不同的飞行高度从而可以节省10%到15%的燃油，所以我们必须慎重选择飞机。(403)

一些参与者（24%）表示，他们不仅寻找可能会出现干扰的航班，而且还在寻找可能的解决方案。例如：

我会考虑一种机型，以确定它们的航路，并随后确定客座率，以及确定在我需要的时候可能会干扰的航班。然后，我也会对短程航班做同样的事情。在接班伊始，你需要确认可能出现的问题以及解决这些问题的时机，所以我们会用这种意识来确定会导致问题的区域以及与运行限制相关的问题。(503)

这些评论表明，一些参与者的意识远远超出了显示屏中包含的信息。通过查明有关机场限制，飞机性能和其他运行限制的信息，参与者揭示了决策过程中信息的重要性。根据评论的重点，将高级情景意识水平中的评论进一步分为五个子类别：关键操作、变化或灵活性的可能性、潜在的天气问题、市场条件和管理限制。表7.3列出了高级情景意识水平中的评论数量和百分比。

虽然所有参与者都确定了核心情景意识级别的子类别，但是超过一半的参与者（55%）也确定了高级情景意识水平中的子类别。这表明，尽管一些参与者认为核心级别的子类别足以获得令人满意的情景意识，但一些参与者仍然寻求更高水平的情景意识。

表7.3 高级情景意识水平中的评论分类（*N*= 33）

参与者确定的子类别	f	%
关键操作	8	20
变化/灵活性的可能性	8	20
潜在的天气问题	10	26
市场条件	1	3
管理限制	12	31
评论总数	39	100

上述分析得出的结论暗示参与者获得的情景意识水平有相当大的变化。很明显，一些参与者只想获得初级情景意识水平。而其他参与者通过识别可能帮助他们预测干扰并提供解决方案的信息来寻求更高的情景意识水平。

经　验

为了调查情景意识水平的变化是否受到参与者经验的影响，研究调查了情景意识与经验之间的关系。在国际模拟中，67%的参与者在机组排班、维修、飞机排班或机场功能方面积累了经验。其中几位参与者（15%）的评论表明他们熟悉了与他们自己背景相关的模拟方面的内容。例如：

> 我主要从机组人员的角度来查看航班是否延误，看看机组人员是否已经到达并报到。我也会看是否所有的航班都配备了所需的机组人员。一旦我坐在椅子上，我会看我与机组成员之间有什么不同的情况。（302）
>
> 我是维修人员，那么我会寻找机会来执行维修工作。我正在寻找机会，以便我们能赶上维修工作。对于每架飞机来说，需要做的一件事就是根据可用的小时数以及在一天结束时你想完成的工作来确定执行什么航班。我也注意到维修工作也在“太平洋”进行。
>
> 另一件事是了解市场，所以如果我们客满了，那么其他航空公司也客满了；如果我们机舱空了，他们很可能也是空的。这来自于机场工作的经验，并从机场角度来进行工作。（308）

这些评论表明，特定的行业经验有助于某些参与者积累情景意识。这一发现与以前的研究一致，这表明情景意识的获得受个人能力、经验、培训和日益增加的责任的影响（例如 Blandford 和 Wong，2004；Kass，Cole 和 Stanny，2007），但它也强调特定行业经验的重要性。特别是，这一发现提出了这样的问题：这些参与者是否没有熟悉其他同样重要的相关信息。为了调查情景意识和经验之间的关系，该研究从两个层面考察了参与者的经验：行业经验年限和 OCC 领域经验年限。根据级别，将经验分为五类：不足 1 年的经验，1–5 年的经验，6–10 年的经验，11–15 年的经验，以及超过 15 年的经验。根据这种级别对经验水平进行分类，可以研究经验与情景意识之间的关系，便于对数据进行深入比较和分析。通过比较评论的平均值，根据行业年限，对参与者的评论数量进行分析，其中平均值（M）被确定为一个类别中评论的数量除以该评论类别中参与者的数量。根据行业经验（表 7.4）和 OCC 领域经验（表 7.5）对每个参与者的情景意识评论的平均值进行了分类。

表 7.4 中的数据出现了几种表现方式。首先，无论具有多少年的行业经验，核心水平情景意识的集中程度比较高。这表明参与者可能会认为关键的相关信息对于达到令人满意的情景意识水平至关重要。其次，对于情景意识的核心和高级水平的评论，具有更高层次行业经验的参与者的评论平均值更高，这表明更丰富的行业经验可能会提高情景意识。总之，似乎行业经验可能有助于解释参与者获得的情景意识数量的变化。

情景意识与 OCC 领域经验之间的关系也在研究中有所考虑。表 7.5 根据参与者在 OCC 中的工作的年限来研究这种关系。

表 7.4　不同行业经验年限下的情景意识评论的数量和平均值（N= 33）

情景意识	行业经验年限							
	1–5[a] 年		6–10 年		11–15 年		>15 年	
	n=2		n=6		n=6		n=19	
	f	M（SE）[b]	f	M（SE）	f	M（SE）	f	M（SE）
初级	3	1.5（0.25）	5	0.83（0.14）	6	1.0（0.22）	17	0.89（0.19）
核心	5	2.5（0.25）	14	2.3（0.18）	15	2.5（0.30）	53	2.8（0.25）
高级	-	-	7	1.2（35）	10	1.7（0.58）	22	1.2（0.32）

[a] 没有参与者的行业经验少于一年

[b] M= 一个类别中每个参与者的评论平均值

SE= 估计平均值的标准误差

表 7.5　不同 OCC 经验年限下情景意识评论的数量和平均值（N=33）

情景意识	OCC 的经验年限									
	<1 年		1–5 年		6–10 年		11–15 年		>15 年	
	n=5		n=8		n=10		n=2		n=8	
	f	M（SE）[a]	f	M（SE）	f	M（SE）	f	M（SE）	f	M（SE）
初级	7	1.4（0.51）	6	0.75（0.25）	10	1.0（0.15）	1	0.50（0.50）	7	0.88（0.23）

续　表

OCC 的经验年限										
情景意识	<1 年		1–5 年		6–10 年		11–15 年		>15 年	
	n=5		*n*=8		*n*=10		*n*=2		*n*=8	
	f	*M*（*SE*）[a]	*f*	*M*（*SE*）	*f*	*M*（*SE*）	*f*	*M*（*SE*）	*f*	*M*（*SE*）
核心	12	2.4（0.24）	21	2.6（0.32）	27	2.7（0.26）	5	2.5（0.50）	22	2.8（0.49）
高级	4	0.80（0.49）	6	0.75（0.25）	18	1.8（0.49）	1	0.50（0.50）	10	1.3（0.73）

[a] *M* = 一个类别中每个参与者的评论平均值

SE = 估计平均值的标准误差

表 7.5 中的数据表明，无论在 OCC 领域中具有多少年的行业经验，评论都高度集中在核心水平。我们在针对行业经验的分析中观察到了类似的结果。这表明参与者认为，无论具有多少年的行业经验或 OCC 领域经验，关键的相关信息对于实现令人满意的情景意识水平都很重要。在某些类别中，评论的数量非常少。因此，在从研究的角度解释这些结果以及就结果的普遍性而言，都采取了谨慎的态度。关于核心水平的情景意识，拥有超过 15 年 OCC 领域经验的参与者的平均值要高于其他参与者的平均值。这表明，相当多的 OCC 领域的经验可以帮助参与者通过识别飞行显示的许多方面并且特别是诸如关键操作等更复杂的方面来获得情景意识。总之，OCC 领域的经验可能有助于解释参与者获得的情景意识水平的巨大差异。

表 7.4 和表 7.5 中的数据表明，与其他参与者相比，具有少于 5 年行业经验和不到一年的 OCC 领域经验的参与者能够识别更多的情景意识的基本方面。然而，随着行业和 OCC 领域的经验积累，参与者发现了更复杂的信息。虽然在其他研究中强调了领域经验对获得情景意识的重要性，但本研究的结果表明，行业和 OCC 领域的经验对于确定参与者获得情景意识的方式都很重要。

专业知识

本节考察情景意识与专业知识之间的关系。在第五章中，我们已经知道专家具有其专业领域的大量知识，而这些知识是从多年的经验中获得的。本书的研究领域是 OCC。尽管存在多种专业知识的定义，但人们普遍认为只有拥有

10 年及以上的经验才能成为其专业领域的专家。因此，研究中使用 10 年经验来区分新手和专家。根据行业和 OCC 专业知识水平，表 7.6 介绍了新手和专家的情景意识和专业知识之间的关系。

表 7.6 中的数据出现了一些模式。首先，比较每类情景意识评论的平均值：初级、核心和高级，无论参与者行业或 OCC 专业知识的水平如何，核心水平情景意识的集中程度都比较高。这与表 7.4 和表 7.5 中的结果一致，并且表明新手和专家都会寻求关键相关信息以达到令人满意的情景意识水平。其次，行业和 OCC 领域的新手参与者的核心和高级情景意识评论的平均值最低。这可能是由于其行业和 OCC 经验有限所致。

表 7.6 不同行业和 OCC 专业知识水平下的新手和专家的情景意识评论的数量和平均值（*N*= 33）

情景意识	行业和 OCC 的新手[a]		行业的专家和 OCC 的新手		行业和 OCC 的专家	
	n=8		*n*=15		*n*=10	
	f	*M*（*SE*）[b]	*f*	*M*（*SE*）	*f*	*M*（*SE*）
初级	8	1.0（0.19）	15	1.0（0.22）	8	0.80（0.20 ）
核心	19	2.4（0.18）	41	2.7（0.23）	27	2.7（0.40）
高级	7	0.88（35）	21	1.4（0.36）	11	1.5（0.60）

[a] 没有参与者是行业的新手而同时是 OCC 的专家

[b] *M*= 一个类别中每个参与者的评论平均值

SE= 估计平均值的标准误差

相比之下，不同情景意识下，被视为行业专家的参与者的平均值要高于新手。在 OCC 中被认为是新手的参与者和在 OCC 中被认为是专家的参与者之间存在进一步的差异。OCC 新手似乎专注于初级情景意识的子类别。但是，OCC 专家似乎专注于高级情景意识的子类别。对于具有高水平行业和 OCC 经验的参与者而言，这一发现与该研究中早期研究结果一致，并且表明专业知识水平越高，参与者越有可能建立更全面的情景意识水平。

从这些研究结果中得出的结论支持了以前的研究成果，即领域专业知识对于实现情景意识的重要性。然而研究发现，行业专业知识也很重要。因此，如果参与者既是行业专家又是 OCC 专家，他们可能会达到更高水平的情景意识，这将使他们能够作出更有效的决策。

决策注意事项

决策过程的一个重要部分是备选方案的产生和评估，从这些备选方案中作出选择并采取相应的行动。但是为了找到备选方案，运行控制人员需要考虑多个因素。虽然第二章所示的决策模型描述了作出决策的若干步骤，但似乎没有任何一个模型意识到在产生备选方案之前可能应该考虑的注意事项的存在或重要性。因此，该研究考察了参与者认为与产生备选方案有关的注意事项，这些被称为决策注意事项。从参与者的评论中出现的模式导致了这些评论按照复杂性的程度被划分为初级、核心和高级类别。

决策注意事项评论分类

当参与者考虑场景的基本方面时，评论归为初级类别。此外，参与者在不质疑信息的真实性或有效性的情况下，根据提供给他们的信息来考虑问题。例如，在确认信息来源可靠之前，他们可能已经开始考虑一种情况的运行后果。核心类别的评论表明参与者找到了减轻某种情况后果的机会。例如，他们可能会质疑延误航班是否可能影响机组的执勤时间，或者该航班是否会违反机场宵禁时间。高级类别的评论表明参与者已经考虑了避免发生情况的方法。例如，他们可能已经找到更换飞机或机组的航班，否定了推迟航班的需要。在三种情景模拟中均对决策注意事项进行了研究。由于每个模拟情景都包括了一个独特的运行情况，因此决策注意事项也是基于该情景的每种情况都包含独特的操作情况。

情景分析

除了获得时刻表相关的初始情景意识，国际模拟的第二阶段要求参与者考虑三种模拟情景中遇到的情况。专家小组为每个模拟情景提供了一个最佳解决方案，以及一系列参与者应该在决策过程中考虑的决策注意事项。这为评估模拟情景中的参与者的反应提供了一种手段。分析将通过参与者对情景意识的评论、信息完整性、决策注意事项、专业知识水平、决策风格、决策方案产生等几个维度来进行。

场景一

在场景一模拟启动时，向参与者提供了以下初步情况介绍：

> 时间是2100。从伦敦（LHR）飞往“太平洋”（PCF）的703航班在LHR出现故障。这架飞机最终晚点两个小时，并且正在飞往“太平洋”。PCF的ETA（预计到达时间）是2315。机组没有问题。除了需要转机到飞往墨尔本的741航班（此航班计划于2320起飞）上的部长级代表团的55名乘客，所有转机也没有问题。“太平洋”的机场经理说，他控制了741航班，并推迟起飞时间到2345。（随后，进港航班进一步延误，需要参与者进一步作出决策）。

场景一要求参与者考虑是否需要控制以及控制多久741/742航班（“太平洋”（PCF）——墨尔本（MEL）——悉尼（SYD）——“太平洋”（PCF））以等待从伦敦（LHR）飞来的延误进港航班的转机旅客。延迟出港的741航班需要参与者考虑几项注意事项以作为其干扰恢复策略的一部分，例如商业影响（特别是包含55名乘客的部长级代表团）、机组执勤时间以及可能会违反悉尼机场宵禁时间。下面的图7.1描述了该场景，飞行显示可以在附录A中查看。

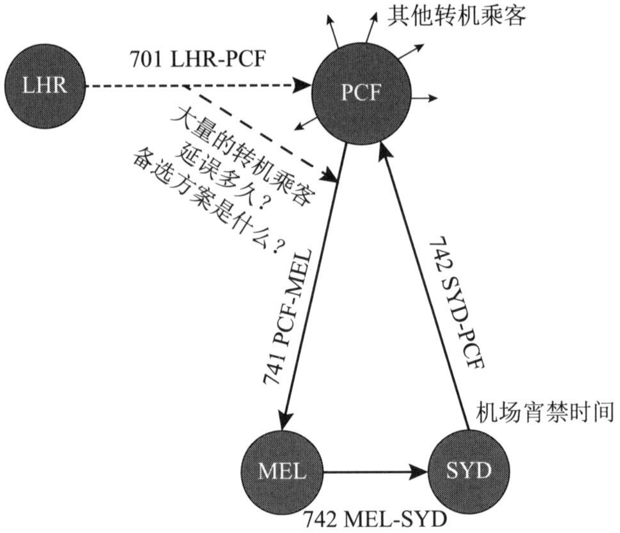

图7.1 国际模拟场景一的图示。国际使用情况见附录B（该图未按比例绘制）

从可以考虑的若干备选行动方案中，专家小组提供的最优解决方案最初是延迟从 PCF 的出港航班，直至延误到悉尼机场宵禁时间，在此期间运行可以被重新规划为 PCF-SYD-MEL-PCF。场景一当中，将参与者评论归类到决策注意事项分类的评估人员间的可靠性为 0.75。用于识别每个类别中的评论的评估人员间的可靠性是 0.84。

改进的情景意识

在模拟的熟悉阶段，参与者通过观察飞行显示中的信息并请求进一步的信息来获得情景意识。参与者在情景简报过程中通过询问与情景问题相关的具体信息来提高他们的情景意识水平。

信息完整性

参与者的评论和信息的可靠性与信息来源有关，据此他们可以作出决策。例如：

> 我会考察信息是否正确。显然从这个角度来看，如果它已经在飞行中，我会问他们修改后的预计到达时间，并且我会一直监视它。（203）
>
> 仅依靠信息条时间（计划航班）来工作是不够的，这是因为这个时间在当天的运行中可能不是精确的。我认为我们需要查看实际的时间。（400）

这些评论表明了参与者收集到有关情况的充分和相关信息的重要性。这种基于证据的决策方法是决策过程中的关键步骤。在这项研究中，很难确定参与者获得多少信息是足够的，因为他们在整个场景模拟中不断要求提供更多信息。但是，人们的信息处理能力有限，因此他们会过滤掉其中的一部分。例如：

> 有时候有额外的信息来得不是时候，反而会使一切复杂化。（401）

相比之下，一些参与者多次询问某一特定方面的信息，例如某一航班的机组情况。例如：

机组的执勤时间如何？我们可以延长机组执勤时间吗？我们有任何机组超时了吗？你有另外的机组吗？那个进港航班 706 上的机组呢？……所以机组报告说需要休息 12 小时，是吗？（306）

在这种情况下，重要的是要抓住与这方面有关的各种评论。因此需要记录不重复的评论。在场景一中，参与者发出 192 个请求要求进一步的信息。大多数参与者关注三个主要方面的信息：机组（79%的参与者）、机场代理（76%）和客座率及转机（88%）。这些方面在熟悉阶段并不突出，这表明参与者除初始信息之外还考虑了场景特定信息。在模拟开始时显而易见的是，参与者认为某些信息对于获得最初的情景意识水平至关重要。然而，在该模拟情景中参与者的评论表明，情景意识的获得似乎是一个累积过程。

决策注意事项

在场景一中，参与者提出了 142 条关于决策注意事项的评论，这些评论被分类为初级（20%）、核心（63%）和高级（17%）等三个类别。

初级决策注意事项

当参与者似乎承认所提供的信息足以满足该场景时，评论被划为初级类。情景一中提供的初步细节告诉参与者，航空公司的商业部门已经提出延误航班的请求。许多参与者（52%）很容易接受这些信息，而不会对其来源或可信性提出质疑。例如：

首先我将查看 741 号航班延误抵达墨尔本的影响，以及对其后续航段的影响。（307）

大部分航班的延误对我来说不是问题。对我而言，问题在于推迟进入墨尔本，飞机接下来要到哪里去，到那里后还要去哪里。（311）

其他参与者（33%）则关注由于航班延误而导致潜在的转机（联程）问题。例如：

延误一小时，我不会认为机组会成为问题。当然，我们也会考虑其他乘客的转机问题，可能有从“太平洋”到墨尔本的乘客。（405）

能否告诉我，延误一个小时是否会给前往墨尔本或悉尼的乘客带来任何转机问题？（502）

大多数参与者（73%）确定了初级决策注意事项。此外，参与者似乎接受了场景中提供的信息，作为调查延误航班后果的基础。几乎没有证据表明参与者质疑这些信息。原因可能与模拟的设计限制有关。参与者可能认为给予他们的信息是准确的，也不愿质疑这些信息。

核心决策注意事项

分类为核心注意事项的评论表明，参与者对航班延误造成的后果有更深的理解。与初级层面的评论相反，有些参与者（33%）质疑了他们在场景介绍时收到的一些信息。例如：

我可以从机场经理那里得到现场信息，他在现场帮助我厘清可实现的内容，我可能会质疑他的时间安排。（211）

30 分钟的转机可能是无法实现的，我们使用 ETD（预计出发时间）有多准确？我会在接下来看结果，但问题是，120 名乘客 30 分钟的转机时间准确吗？（211）

尽管值班经理告诉我们，直到 2345 我们才会离开，他只给了我们半个小时的转机时间，让这 55 名政客从一个航班到另一个航班，我认为他们需要大于 30 分钟的时间。（217）

大多数参与者（85%）发现可能会进一步干扰延误航班的问题，例如机场宵禁时间、机组执勤时间、机组飞行时间限制和机场代理问题。例如：

那么现在呢，这意味着你有一个机场宵禁时间。飞机可以抵达悉尼，但是由于机场关闭而不能离港。（403）

我会再次询问机场经理将乘客从 703 航班转移到 741 航班的最佳时间，因为我们可以将飞机停放在相邻机位，以便于转机。（502）

许多参与者（79%）认为有机会缓解干扰，例如缩短预计的机场地面时间，或询问飞机是否能以更快速度飞行（高速巡航）来追回某些延误的时间。例如：

没有太多的机会来应对任何延误，所以这只是一个让所有航站尽快返回飞机的问题。(315)

如果在所有航段都是可行的话，通常我们会考虑采用更快的速度来降低影响。(309)

这些评论表明，参与者确定的方面远远超出了初级阶段的方面。他们要求澄清信息，认识到潜在的制约因素，并找出最大限度减少干扰的方法。这表明对情况的理解水平明显更高。所有参与者都在核心层面确定了决策注意事项。但是，27%的参与者中没有初级层面的评论。这表明他们要么是没有考虑转机等信息，要么即使已经考虑过，但也没有对信息进行口头表述。这表明，尽管有声思维报告使这一过程发生，但研究参与者使用信息进行决策的方式仍是测试方式的困难之一。

高级决策注意事项

分类为高级注意事项的评论表明，参与者表现出了超越情况即时性的思维。例如：

我们可能想提前问问我们在悉尼的代表，试着了解他们是否会考虑在机场宵禁时间给我们宵禁豁免权。(400)

1300 UTC 出发而不是 1130 UTC 出发，所以我们让机组人员计算他们的机组执勤时间（延迟机组执勤签到时间），以便我们准备出发的航班，同时也为我们避开了机组问题。(201)

所以我开始查看这些事情，如我们是否可以直接从“太平洋”飞往悉尼，再到墨尔本；换言之，先飞到悉尼。我很感谢航班已经满客，我们有能力把他们运送到悉尼去，虽然再增加乘客会非常困难，但是这就是我们的意图。(211)

那么，将机组保留在基地意味着机组签到后才开始计算执勤时间。所以，实际上这就允许我更充分利用这些机组和进一步延长他们的执勤时

间，以任何理由。我们随后又有了其他类型的延误。它仅仅给我带来了其他的时间因素。（302）

这些评论意味着一些参与者似乎预见到了这种情况的后果并深入考虑这些后果。尽管所有参与者都在核心层面发表评论，但只有58%的参与者确定了高级层面的注意事项。核心级评论强调了参与者在运行限制内来管理干扰的方式。例如，61%的参与者关注了受航班延误影响的机组执勤限制。

然而，在高级水平上，33%的参与者报告了克服这些限制的方法，例如更换机组成员或推迟开始工作的时间。这表明，虽然大多数参与者确定了运行限制，但其中许多参与者未必寻求缓解这些限制的方法。因此，这些参与者可能没有找到针对这些情况的补救措施，或者他们可能一直在他们确定的限制内工作。因此，在OCC中，他们可能只考虑“管理”而不是“阻止”运行干扰。结果突出了当前干扰处理的不足之处，并找出了OCC中运行控制人员培训的机会。

将参与者的评论分为三类决策注意事项，表明参与者考虑情景的影响有很大的差异。为了调查这种变化是否受到参与者专业水平的影响，该研究调查了专业知识与决策注意事项之间的关系。

专业知识

本章前面已经介绍了专业知识与情景意识之间的关系。研究结果显示，行业和OCC专业知识可能会影响参与者获得情景意识的方式。本节考察专业知识与决策注意事项之间的关系。如前所述，该分析使用了10年的经验来区分新手和专家。

第五章讨论了新手和专家之间在决策过程中的差异。在研究中，从参与者的评论中可以看出新手和专家在确定决策考虑方式上存在明显的差异。行业和OCC的新手似乎很少考虑决策注意事项。他们的评论通常仅限于询问他们确定方面的更多信息。例如：

我会核实那个情况，确保机组执勤时间在计划之内，并且保证机组不会被任何事干扰。所以我打算看看我的机组成员以及他们执勤时间的限制是什么？机组没有问题。（305）

有些新手似乎不确定他们应该考虑哪些与场景相关的因素。例如：

目前我的想法并不多。我们又要飞往哪里？我们正在运行。（212）

其他新手似乎确定了几个单独的与场景相关的方面，通常是接连不断的。这些评论中夹杂着研究人员的赞同回应：

这架飞机最大容量是450？我会核实是否有其他可供使用的备选方案。所以另一种选择是……我们可能会让其他350名乘客感到不安。我所关心的是不同的航段。我们在墨尔本也会换机组吗？确定FTI（飞行时间间隔）是什么？今晚的机组执勤工作时间如何？他们已经飞了两个航段。他们的飞行时间限制是什么？（500）

从评论中可以明显看出，这些参与者搜索了各种可能帮助他们深入掌握问题的线索。这些评论与其他研究一致，都认为新手只能看到零碎的东西。这可能是因为新手专注于场景的表面特征。相比之下，专家似乎采取了更为全面的方式来处理这种情况，并考虑了场景的不同方面是如何相互影响的。例如：

如果飞往悉尼的航班延误，你需要做的是令742航班机组人员等待一个小时，但如果晚些时候发生，你可能会因为机场宵禁时间限制而退出。如果真的很晚，并且你不准备实施悉尼宵禁，那么你可能不得不改变直接从“太平洋”到悉尼的路线，改为从“太平洋”到悉尼，然后到墨尔本。（205）

特别是，专家的评论表明他们理解场景的复杂性。随着场景的不断发展，很明显专家们预计会出现超出眼前情况的后果。例如：

他需要一个小时的地面时间，所以那个航班已经延误了两个小时……航班延误两个小时使事情变得有点棘手。所以那就把飞机推出……我只是在图表上延长了延误。那真是把猫和鸽子混在一起了。现在这只是改变了我对先前信息的看法——在某个地方必须有一个截止点。我不愿意无限期

地拖延这件事。（310）

一些参与者表示使用时间优化策略。例如：

我的观点是时间因素是我是否将机组保留在基地的因素……那么，将机组留在基地意味着他们的执勤时间是从他们签字之时开始计算机组，所以它实际上允许我有更多的时间以及有更多实际使用这些机组并进一步延长他们执勤时间的能力……这仅仅是给了我额外的时间，我可以支配的额外的一个小时。（302）

这种"购买"时间的策略使参与者能够评估情况并推迟决策。评论提供了新手和专家了解复杂情况的方式。他们还指出，相较于新手而言，专家通过确定决策注意事项之间的关系，预测情况的可能后果以及使用策略确保他们的决策可能导致适当的行动等方式可以更好地管理干扰。表 7.7 根据他们在行业和 OCC 领域的专业水平，介绍了新手和专家的专业知识与决策注意事项之间的关系。

表 7.7 中的数据出现了一些模式。首先，核心层面的评论很集中。这与描述专业知识与情景意识之间关系的研究结果类似，并且表明可能存在一组无论具有何种专业知识水平的参与者都会关注的重点问题。其次，作为行业专家但又是 OCC 领域新手的参与者确定识别出的核心层级的决策注意事项最多。此外，具有行业和 OCC 领域专业知识的参与者确定的高级层面的决策注意事项最多。这些发现表明，行业专业知识可能使参与者能够确定约束条件并管理这些约束条件。然而，这些数据还表明，具有行业和 OCC 领域专业知识的参与者更有可能预测发生的情况，从而采取预防措施。这些发现有助于解释决策注意事项、行业专业知识和 OCC 领域专业知识之间的关系。此外，结果强调了专业知识在识别复杂决策注意事项方面的重要性。

表 7.7 中提供的数据也有助于我们理解专家的特点，特别是他们快速评估情况的方式，从总体情况查看复杂显示的方式，并使用这种表示形式预先准备好行动的方式。

表 7.7 不同行业和 OCC 领域专业知识水平下的
新手和专家的决策注意事项评论的数量和平均值（*N*=33）

决策注意事项	行业[a]和 OCC 的新手		行业的专家和 OCC 的新手		行业和 OCC 的专家	
	n=8		*n*=15		*n*=10	
	f	*M*（*SE*）[b]	*f*	*M*（*SE*）	*f*	*M*（*SE*）
初级	7	0.88（0.23）	13	0.87（0.17）	8	0.80（0.20）
核心	16	2.0（0.63）	47	3.1（0.22）	26	2.6（0.37）
高级	5	0.63（0.26）	9	0.60（0.16）	10	1.0（0.26）

[a] 没有参与者是行业的新手而同时是 OCC 的专家

[b] *M*= 一个类别中每个参与者的评论平均值

SE= 估计平均值的标准误差

决策风格

为了研究决策风格（DMS）在 OCC 中的影响，本研究考察了参与者在国际模拟决策过程中采用理性和直觉决策风格的程度。数据分析还检验了新手和专家之间理性和直觉决策风格的差异程度。

理性决策风格

早些时候，理性的决策已经被描述为一种逻辑的、系统的逐步分析的过程。在研究中，通过将参与者的评论分为低理性 DMS 或高理性 DMS 来考察他们使用理性决策风格（DMS）的程度。

归类为低理性 DMS 的评论表明，几乎没有证据表明参与者使用逐步的方法。例如：

> 我会寻找其他去墨尔本的航班将乘客送到墨尔本。如果是这样的话我们会核实机组是否可用，并且我们需要知道什么样的延误会让他们超时。（501）
>
> 根据这些时间看我们得到的东西，在没有计算器或类似的东西的情况下……第二天需要为 741 航班安排时刻，这与另外一航班的时间相同。

（213）

当参与者以高度系统的方式提出一系列注意事项时，评论被归类为高理性 DMS。例如：

我们在巴黎有另一班航班吗？我会让运输部门的工作人员核实其他航空公司来保护乘客。我会问头等舱和商务舱有多少乘客，并要求他们帮助乘客预订机场附近酒店的房间。然后我会安排机组到酒店休息。（508）

说是马上就会延误一个小时左右。我会核实机组人员的执勤时间，看看他们能否应付一个小时的延误。我建议乘客处理人员处理机上乘客的转机……然后我会去见我的飞机维修控制人员并查看关于此延误的最新信息。（305）

为了处理位于马尼拉和台北机场的两架航班，首先我们要核实是否一切就绪。然后，我们必须与机组谈谈，看看机组的执勤时间是否合适。如果不行，那么我们必须从基地派遣机组人员乘机前往这两个机场。然后，我们会让乘客服务人员为机组人员做特殊的安排。我们必须警惕地面代理。（504）

这些评论表明，对于一些参与者来说，使用系统化过程似乎很少，而其他参与者似乎使用了一系列精细的步骤。根据行业和 OCC 的专业水平，表 7.8 介绍了参与者使用理性 DMS 和专业知识之间的关系。

表 7.8 不同行业和 OCC 领域专业知识水平下的参与者使用理性决策风格的分类（N= 33）

理性 DMS	行业和 OCC 的新手[a]		行业的专家和 OCC 的新手		行业和 OCC 的专家	
	n=8		n=15		n=10	
	n	%	n	%	n	%
低	2	25	4	27	3	30
高	6	75	11	73	7	70

[a] 没有参与者是行业的新手而同时是 OCC 的专家

表 7.8 中的数据表明，大多数参与者似乎使用高理性 DMS，无论他们的专业水平如何。这些发现与先前的研究相反，因为先前的研究表明在不确定的、动态的环境中进行理性决策不可能成功（例如 Klein，2001）。然而，国际业务决策的时间通常比较充足，场景一是国际模拟的三种场景中最不复杂的。因此，这种场景下的决策时间是不具有限制性的。

直觉决策风格

直觉决策被形容为基于直觉，或者基于感觉什么是对的和什么是错的，它在很大程度上取决于一个人的经验。在研究中，很明显参与者遇到了与场景描述类似的情况。例如：

> 应该有从巴黎起飞的时间。因为欧盟的情况，你不得不让飞行签派和 ATC 知道你必须获得从巴黎离开的最近的起飞时间。在欧洲的任何地方，情况都是如此。（203）
>
> 关于墨尔本的乘客，我们仅有半个小时的时间过境。时间有点紧张。按照以往的安排，通常我们会给旅客一个小时时间来过境。由于延误，我们只有半个小时的时间来安排转机——你会对航班进行延误处理。（403）

参与者使用直觉决策风格（DMS）的程度通过将他们的评论分类为低直觉 DMS 或高直觉 DMS 来研究。分类为低直觉 DMS 的评论表明参与者表现出有限的直觉感受。例如：

> 我们会保留 741 航班。我们还没有处理……我们将拭目以待。没必要操之过急。我认为我们应该看看工程师是如何处理的。（214）
>
> 看起来不会有任何维修的问题会导致延误。所以我会发出重新计划信号。（307）

当参与者似乎使用更复杂、更直观的方法来处理情况时，其评论被分类为高直觉 DMS。虽然他们可能已经知道该做什么，但他们似乎感觉到什么可行，什么不可行。例如：

> 他能做到这一点太棒了，但我仍然不愿意说我们只能延误一小时。我

> 相信延误会更久。我不想开始发布一个小时的延误，因为这可能会变成滚动延误。我认为发布的延误时间应该是可以实现的。什么是可实现的时间？（211）
>
> 值班经理只给了我们半个小时的过境时间让这55位政治家转机。因为了解到代表团的情况，我认为他们需要超过30分钟的转机时间 。机坪可能已经准备好了非常快速地提取行李，但我认为要让这种规模的团队转机，可能需要比这更长的时间。（217）

这些评论支持以前的研究。所有参与者都在该场景中给予了相同的信息。然而，上面的评论表明参与者使用直觉决策风格的方式有很大的变化。根据行业和 OCC 领域专业知识水平，表 7.9 介绍了参与者使用直觉决策与专业知识之间的关系。

表 7.9 中的数据表明，只有大约一半的参与者似乎使用高直觉 DMS。几乎没有证据表明专家在该场景中使用直觉 DMS 的程度比新手更高。这可能是场景一的预期结果，因为场景很简单，并提供了大量信息给参与者。

表 7.9 不同行业和 OCC 领域专业知识水平下的参与者使用直觉决策风格的分类（*N*= 33）

直觉 DMS	行业和 OCC 的新手[a]		行业的专家和 OCC 的新手		行业和 OCC 的专家	
	n=8		*n*=15		*n*=10	
	n	%	*n*	%	*n*	%
低	4	50	9	60	5	50
高	4	50	6	40	5	50

[a] 没有参与者是行业的新手而同时是 OCC 的专家

决策备选方案的产生

OCC 运行控制人员作出的实际决策可能因多种原因而有所不同。例如，解决干扰可能有几种方式，并且这些方式中的每一种都可能为 OCC 带来满意的结果。研究的重点不是评估决策结果，而是研究决策过程以产生决策备选方案。因此，决策结果超出了本研究的范围。

在场景一中，参与者需要确定是否延误航班以等待来自另一连接航班的乘客。虽然这种延误可能导致超出机场宵禁时间限制，但几乎所有参与者（91%）都同意推迟飞行。几位同时是行业和 OCC 领域新手的参与者（21%）并未表明对机场宵禁时间的认识或关注。一种适当而富有创意的备选方案是重新规划航班（将 PCF-MEL-SYD-PCF 改为 PCF-SYD-MEL-PCF），从而使延误航班能够在较早时间通过悉尼避开机场宵禁时间。该备选方案是该问题的有利解决方案，是经与专家小组协商后设计的方案。拥有行业或 OCC 领域专业知识的几名参与者（24%）提出了这种备选方案，作为克服延误飞行造成的几个问题的可行方法。这一发现与本章之前的发现一致，这表明专家比新手更有可能确定高级决策注意事项，以创建突破限制的备选方案。

场景二

在场景二模拟启动时，向参与者提供了以下初步情况介绍：

> 时间是 0655，705 航班在巴黎（CDG）无法起飞。工程师报告说，有液压泄漏，这可能需要更换液压泵。如果是这种情况，他们预计需要两个小时时间来更换液压泵。根据这一建议，CDG 的工作人员已停止 705 航班的登机服务。（在给参与者时间考虑这种情况后，随后提供的信息证实了需要更换液压泵，并建议由于恶劣天气，维修工作将在机库内完成，离港时间可能远远超过最初的建议）

场景二需要参与者考虑策略和后果，以解决故障飞机造成的延误。该航班将从巴黎（CDG）飞至“太平洋”（PFC），但由于机械故障导致在 CDG 延误，以至于运行机组最终无法在其法定执勤时间内完成航班飞行。图 7.2 描述了这种情况。

从可以考虑的几种备选行动方案中，专家组提供的最佳解决方案是让航班从 CDG 改飞到孟买（BOM），并从 PCF 派遣另一个机组到 BOM，以最小的干扰来保证航班继续运行。在场景二中，将参与者的评论归类为决策注意事项的评估人员间的可靠性为 0.73。用于识别每个类别中的评论的评估人员间的可靠性是 0.96。由于行政监督，一名参与者没有参加场景二的模拟。

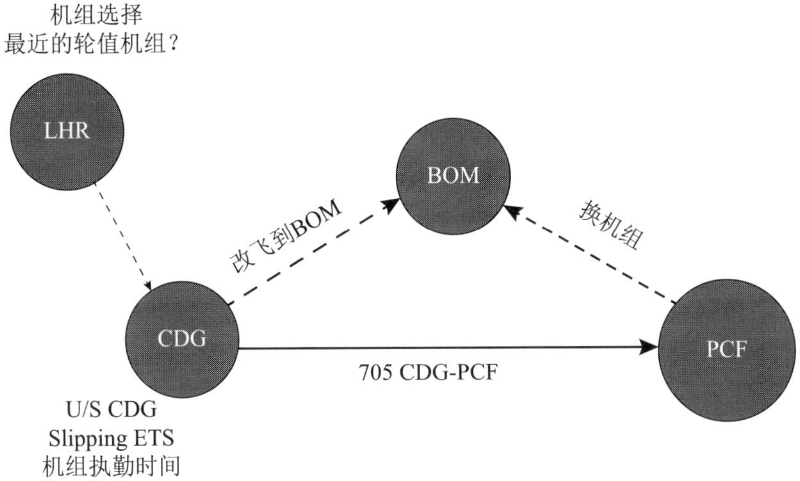

图 7.2　国际模拟场景二的图示。国际使用情况见附录 B（该图未按比例绘制）

改进的情景意识

参与者了解到，国际模拟中的每个场景都独立于其他场景。因此，在场景二中，参与者在场景介绍的过程中主要通过询问故障飞机的维修信息来增强他们的情景意识。

信息完整性

参与者的评论强调了信息准确性的必要性。这与场景一中的发现一致。但是，参与者似乎更重视核实信息，因为该场景更加复杂，需要从技术专家处获取信息。例如：

问题是巴黎工程师的信息更新。有时来自我们自己航站的信息是二手的。我会和巴黎的工作人员再确认一下，看看答案是什么。（502）

看起来我们不会采取任何行动，直到我们从工程师那里得到更多的信息。这是一个经常发生的事情，有人被告知飞机不会飞往任何地方，然后十分钟后找到了神奇的解决办法，所以在这个阶段我们不会采取任何行动。（205）

提出的问题也将发生在机组部分。我没有机组方面的专业知识，以确

保他们也正在寻找和给予我们关于机组可用性的最佳信息。(211)

与参与者就场景一中的信息准确性提出的一般性评论相反，上述评论针对故障飞机的维修问题。场景二中，参与者们发出了 258 次信息询问。参与者要求的信息主要集中在三个主要方面：维修（参加者的 97%）、机组人员（94%）和客座率和转机（72%）。数据中有一些观察结果值得注意。大多数参与者要求提供有关维修方面的信息。由于场景的重点，可能会出现这种情况。然而，每个参与者提出了更多获取机组相关信息的要求。在场景一中，参与者也明显重视机组相关信息。从这些结果中可以看出，无论情况如何，参与者可能会将必要的基本信息视为提高情景意识的必要条件。

决策注意事项

参与者在场景二中提出了 201 条有关决策注意事项的评论。评论分为初级（17%）、核心（58%）和高级（25%）三类。

初级决策注意事项

当参与者认可所提供的信息并开始考虑该场景的基本后果时，评论被归类为初级决策注意事项。这与前面的场景中使用的过程类似。尽管场景二中的问题涉及故障的飞机，但参与者被告知，有关该问题的最初信息是由该航空公司地面代理的工作人员报告的。尽管上述评论涉及核实维修信息的可靠性，但一些参与者（13%）很乐意接受有关飞机的最初信息。例如：

作为一个航站，我们没有任何能力更换飞机。工程师给我们的信息是我们将坚持延误两小时。(201)

如果评论与基本考虑有关，例如确定更换故障飞机的机会或者转运乘客问题，评论也被归类为初级决策注意事项。这一级别的评论与场景一中的初级评论是一致的。例如：

我正在看巴黎附近是否还有其他飞机，现在只有伦敦的飞机，但我不想动它。(311)

大多数参与者（75%）确定了初级决策注意事项。这与场景一（73%）的结果相一致，并且表明无论情况如何，大多数参与者似乎都确定了各种初级水平的决策注意事项。

核心决策注意事项

所有参与者都确定了核心决策注意事项，这表明他们正在考虑维修问题的复杂后果，而不是那些在初级层面显而易见的后果。许多参与者（25%）未表明初级决策注意事项。这与场景一的结果相似，并认为他们不考虑更换飞机或转运乘客等方面问题，或者他们没有对这些方面进行口头表述。有几条评论涉及识别潜在的限制，例如起飞时间或机场宵禁时间。然而，核心层面的大多数评论（64%）涉及机组限制，例如签到时间、值勤时间限制或机组备选方案等。94%的参与者确定了这些决策注意事项。例如：

> 我需要知道一个小时的延误是否会使我的机组人员超时？（211）
>
> 目前我们主要考虑的是机组的飞行时间限制。假设还有其他延误，机组将无法到达目的地。（405）
>
> 我会去问飞行技术人员那里是否有我们可以支配的飞行员……我们会要求飞行技术人员看看在巴黎的机组。他们是否有最低的休息要求？什么时候他们可以报告要去执勤？（305）

这些评论表明，参与者虽然确定了这些限制，但他们似乎考虑了通过保持在各种限制内来最大限度减少干扰的方法。在这些限制内工作的方式与他们在场景一中工作的方式类似。

高级注意事项

大约有97%的评论被列为高级决策注意事项。与核心决策注意事项相比，分类为高级决策注意事项的评论表明参与者考虑了更复杂的机组备选方案。这从提到延长机组执勤时间或从其他航站寻求可替换的机组的意见中可以明显看出。例如：

> 好的，我们有个关于机组执勤时间的问题：机组最大的自由裁量权是

什么？（500）

我们看看是否有可能在临近航站调派一个机组到巴黎，然后让他们从巴黎飞到“太平洋”？（400）

这与场景一中的高级决策注意事项的评论类似。然而在场景二中，更多的参与者（75%）确定了与机组方面有关的高级决策注意事项。这表明参与者不仅可以理解复杂的机组情况，而且还可以找到减少不良后果的方法。

初级的评论表明，参与者质疑信息的可靠性。然而大约一半的参与者（53%）在高级层面需要在场景期间再次确认特定信息。例如：

我想再次与维修人员核实他们给我们的时间是否是绝对的。（307）

我想要做的就是联系我们的维修监督人员，并要求他们与巴黎的维修人员取得联系，以确认问题出在哪里以及该部件是否可用……我担心最初可能会延误的两小时现在或多或少变成了不确定或未知的延迟，我想获得其潜在的影响。（315）

这些评论表明，对于考虑解决问题机会的参与者来说，他们需要确保他们的决策过程所依赖的信息是可靠的。与场景一中的发现类似，将参与者的评论分为三类决策注意事项，表明参与者考虑情景的影响的方式有很大的差异。为了调查这种变化是否可能受到参与者专业水平的影响，研究调查了专业知识与决策注意事项之间的关系。

专业知识

新手在场景二中发表的评论显示出了与场景一中的评论类似的模式。虽然他们对额外信息的请求通常与他们确定的不同决策注意事项有关，但新手似乎以一种随意的方式利用了这些信息。例如：

同维修部门核实一下，以确保他们也了解飞机的机械问题。关于机组，我们有什么飞行小时的限制？接下来我们可以看看乘客到达“太平洋”后还要去哪里。（311）

根据工程师的决定，如果他们能够更早地完成维修工作，你会发布航班将延误到 0855 的信息，我们会盯着进展情况。然后，我会联系签派员，并询问是否可以组织更快的时间来弥补乘客时间和机组执勤时间。我会与维修监督人员保持联系，如果他们早点完成修理，以确保我们知晓情况。（213）

相比之下，专家表现出比新手更有条理的方法。他们澄清了信息，比新手更深入地讨论了这个问题，并且似乎知道应该以某种优先顺序去调查哪些后果。在某些情况下，他们用非常主动的方式来管理这种情况。例如：

我会提供我的资源尝试帮助他找到维修部件的位置，我会去联系另一家航空公司的维修部门，并且让他们彼此之间直接建立联系。在这个阶段，我会问当地工作人员开始关注其他航空公司来看看他们还能容纳多少乘客。一旦机长开始执勤，我会马上同他取得联系。（216）

如果我们掌握了这些信息，并且没有飞机可以到巴黎，我们会与值班工程师联系，告诉他我们运行限制和延误的时间，希望他能在机组可服务时间内完成工作。

如果超出了机组人员的执勤时间，我们宁愿换掉机组人员，但如果维修时间在 5–6 小时，机组人员则不能参与飞行运行。（401）

这些评论支持场景一中的发现，表明新手和专家处理这种情况的方式存在很大差异。表 7.10 根据行业和 OCC 领域的专业知识水平，通过展示场景二中新手和专家在专业知识和决策注意事项之间的关系，进一步研究了这种差异。

在场景一中，研究结果表明，不管其专业水平如何，参与者都将重点放在一系列核心决策注意事项上。场景二出现了类似的模式。因此，即使情况复杂性增加，参与者似乎也将重点放在最大限度减少干扰的考虑上。在表 7.10 中，所有类别的平均值均高于场景一中相应的平均值，这表明参与者在各级决策注意事项中确定了更多的注意事项，而不论其专业水平如何。

值得注意的是，行业和 OCC 的新手几乎在每个类别的决策注意事项中均获得了最高平均值。这一发现与场景一的发现不同，这表明在某些情况下，参与者可能不一定依靠他们的专业知识水平来确定决策注意事项。结果表明，专业知识可能使参与者在一些情况下能够确定和权衡决策注意事项，但并非所有情况下都可以。

表 7.10　不同行业和 OCC 领域专业知识水平下的
新手和专家的决策注意事项评论的数量和平均值（N= 32）

决策注意事项	行业和 OCC 的新手[a]		行业的专家和 OCC 的新手		行业和 OCC 的专家	
	n=8		n=14		n=10	
	f	M（SE）[b]	f	M（SE）	f	M（SE）
初级	10	1.3（0.25）	13	0.93（0.25）	11	1.1（0.23）
核心	32	4.0（0.27）	48	3.4（36）	37	3.7（0.40）
高级	11	1.4（0.32）	21	1.5（0.20）	18	1.8（0.25）

[a] 没有参与者是行业的新手而同时是 OCC 的专家

[b] M= 一个类别中每个参与者的评论平均值

SE= 估计平均值的标准误差

决策风格

场景二研究了参与者使用理性和直觉决策风格的程度。数据分析还检验了新手和专家之间的决策风格差异程度。

理性决策风格

在场景二中，只有一位参与者的评论被归类为低理性 DMS。在他的评论中，没有证据表明在决策过程中使用了系统的方法。例如：

> 我正在寻找或将要考虑将飞机调换到执行 700/705 航班，但这将是毫无意义的，因为它会对飞机进入伦敦造成问题。我要找的是一架可以从巴黎起飞的飞机，但是我真的以为它们是在“太平洋”的，所以请完全忽略参考。（213）

相比之下，其他参与者的评论表明高理性 DMS。例如：

> 即使由于机组执勤时间问题我们已经失去了原来的机组，我仍然会跟进工程师的换泵进展。一旦 706 号航班的机组已经休息过了，我们仍有机

会使用进港的 706 航班的机组，安排飞机 1200 起飞。如果 1200 UTC 是他们的第一个航班，那么这当然有机会让飞机从巴黎起飞——即使这会是 4 个小时的延误，我们在巴黎也有相当长的地面时间。当飞机返回时，看起来飞机会停场 14 个小时。（201）

相较于场景一，很难确定为什么在这个场景中更多的参与者使用高理性 DMS。一个原因可能是从场景一中获得了模拟的熟悉程度。根据行业和 OCC 领域的专业知识水平，表 7.11 展示了参与者使用理性 DMS 和专业知识之间的关系。

表 7.11 中的数据表明，所有参与者使用了理性的决策风格，其程度远远超过场景一。新手和专家都表现得很明显。尽管场景的复杂性增加，几乎所有的参与者似乎都以非常系统的方式评估机械问题并确定决策注意事项。尽管理性决策风格不适合环境随时变化的复杂情况，但当前场景中的参与者似乎都使用高理性 DMS。这表明情况的复杂性可能不是决定使用哪种决策风格的必要条件。只要时间够用，参与者仍然可以使用系统性的方法。

表 7.11　不同行业和 OCC 领域专业知识水平下的参与者使用理性决策的分类（*N*= 32）

理性 DMS	行业和 OCC 的新手[a]		行业的专家和 OCC 的新手		行业和 OCC 的专家	
	n=8		*n*=14		*n*=10	
	n	%	*n*	%	*n*	%
低	1	13	--	--	13	--
高	7	87	14	100	10	100

[a] 没有参与者是行业的新手而同时是 OCC 的专家

直觉决策风格

一些参与者（16%）的评论表明他们似乎在该场景中使用低直觉 DMS。例如：

为了从维修人员那里获得更多的信息，看看是否有更换的维修部件，所以我认为现在什么也做不了，只能等待。我要给他们一点时间，让他们把事

情弄清楚……可能会给他们 15 分钟来打电话，然后我会继续跟进。（212）

这与我们已有的信息基本相同。无所事事没有任何意义，我们越早结束（停止）机组执勤时间，在机组获得休息后我们就可以越早离开。（501）

相反，大多数参与者使用高度直觉 DMS。这些参与者似乎更全面地评估了这种情况，似乎知道什么可行什么不可行。例如：

液压泄漏。现在，我认为这实际上可能是一个很大的问题。我马上就会让我的小组考虑其余的因素。我只是做一个简短的介绍，告诉他们问题是什么，看看这件事如果不解决会产生什么样的长期效果。（310）

只是更换部件所需的时间和其他因素……如果天气不太好，那么他们可能会等半个小时，雨会下个不停，时不时会从机库来来回回，而且并没有太多机会弥补时间。所以看起来 1100 是完全不切实际的，让乘客在机场等待两到三个小时确实没有意义。（503）

根据行业和 OCC 领域专业知识水平的不同，表 7.12 列出了参与者使用直觉 DMS 和专业知识之间的关系。

表 7.12 中的数据表明，相较于场景一来说，更多的参与者，包括新手和专家，在场景二期间似乎使用直觉决策风格。这些发现表明，随着复杂性的增加，新手和专家越来越依赖他们的直觉来解决问题。然而，似乎具有行业和 OCC 领域专业知识的参与者可能比新手更直接地使用直觉。相比之下，情景较不复杂的场景一中的新手和专家的决策风格几乎没有什么区别。

表 7.12　不同行业和 OCC 领域专业知识水平下的参与者使用直觉决策风格的分类（$N=32$）

直觉 DMS	行业和 OCC 的新手[a]		行业的专家和 OCC 的新手		行业和 OCC 的专家	
	n=8		*n*=14		*n*=10	
	n	%	*n*	%	*n*	%
低	3	38	2	14	-	-
高	5	62	12	86	10	100

[a] 没有参与者是行业的新手而同时是 OCC 的专家

决策备选方案的产生

在场景二中，参与者需要考虑的主要决策备选方案与机组限制有关。许多参与者（66%）确定了通过延长机组执勤时间的方法来运行延误的航班。然而，场景期间提供的信息宣布航班进一步延误，这使机组人员无法在延长的工作时间内工作。因此，参与者需要考虑其他决策备选方案。大约一半的参与者（53%）表示，另一种选择是等待机组人员并在第二天飞行。在这些参与者中，35%是 OCC 和行业的新手，35%是 OCC 新手但被认为是行业专家，30%被认为是行业和 OCC 的专家。其他参与者（34%）确定了一种备选方案，这使航班能够通过另一个绕开机组值勤时间限制的机场离港和运行。这些参与者中只有 18%是 OCC 新手，其他参与者都是行业或 OCC 专家。研究结果支持场景一中的发现，表明具有更多专业知识的参与者似乎找出了更有创意的决策备选方案来突破限制。

场景三

在场景三模拟启动时，向参与者提供了以下初步情况介绍：

> 时间是 0100。由于 5 级台风预警（中等强度），飞往“太平洋”的航班需要有一个备降场[①]。台风目前位于太平洋东北 140 海里处，静止不动。稍后在场景中向参与者提供的信息表明情况正在发生变化，包括台风增强，向“太平洋”移动和加速，以及对机场的预期影响和损坏。

场景三需要参与者考虑即将来临的台风对进出“太平洋”的航班的运行影响。图 7.3 提供了这种情况的图形描述。

由于场景的高度复杂性，专家小组没有给出该场景的最佳解决方案，参与者可以想出多种备选方案。然而，专家小组指出了参与者在决策过程中应考虑

---

①　备降场要求表明飞机有法律义务携带足够的燃油，以使其能够从计划到达的目的地备降到另一个合适的机场。因此，一架飞往“太平洋”的飞机必须携带足够的燃油，以便万一在“太平洋”无法着落时能够安全备降到，比如香港。

的若干决策注意事项，例如询问台风的变化情况，确定有风险的航班，并将其控制在起飞机场直至天气情况改善。在场景三中，将参与者的评论归类为决策注意事项的评估人员间的可靠性为 0.75。用于识别每个类别中的评论的评估人员间的可靠性是 0.89。

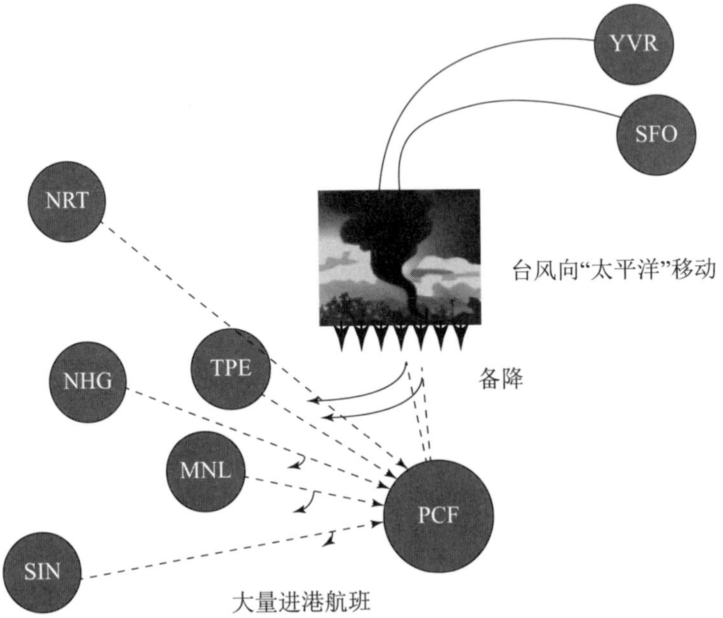

图 7.3　国际模拟场景三的图示。国际使用情况见附录 B（该图未按比例绘制）

改进的情景意识

在场景三中，参与者在情景介绍过程中提高了他们的情景意识，并要求了解可能受“太平洋”天气条件影响的运行信息。

信息完整性

当介绍场景三时，几乎所有参与者（97%）都接受了所提供的信息，并立即开始评估天气情况可能带来的后果。这与前两种场景情况有所不同。在前两种场景中，几名参与者在场景开始时确认了信息的准确性和来源。然而，一些参与者阐明了天气情况的某些方面。例如：

我们需要估计台风的路线。(205)

在这个阶段，除了与气象局保持联系并确定台风是否开始移动，我不知道我们能做些什么 。(214)

如果我不知道台风是静止的，我会看着方向，并从运行签派部门获取气象预报来试图确定它会去哪里。(213)

在场景三中，参与者们发出了 184 次信息询问。参与者的询问主要集中在三个主要方面：机组人员（73%的参与者）、天气（85%）以及飞行计划和签派（70%）。鉴于场景的类型、可以预见评论的重点与天气条件有关。与以前的场景一样，参与者强调与机组有关的问题。看起来参与者认为机组问题是核心，而不管是哪个场景。在之前的场景中，大多数参与者都要求提供关于飞行负载的信息，然而在目前的情况下，很少有参与者（18%）询问负载情况。这表明，在某些情况下可能被视为重要的情景意识的信息在另一种情况下可能并不重要。因此，参与者可能没有足够的意识来管理这种干扰。

决策注意事项

参与者在场景三中提出了 236 条有关决策注意事项的评论。评论分为初级（18%）、核心（36%）和高级（46%）三个类别。

初级决策注意事项

分类为初级注意事项的评论表明，参与者似乎确定了基本层面的考虑因素，例如直接受天气状况影响的机型以及在“太平洋”的乘客转机问题。一些参与者（12%）特别谈到了台风目前的强度或位置。通过对比台风到达“太平洋”的预估到达时间和计划进出“太平洋”的航班时刻，大多数参与者（82%）考虑了很可能出现在“太平洋”的运行干扰。例如：

我的第一个想法是查查航路上我们有多少飞往“太平洋”的航班，有多少计划飞往“太平洋”的航班，有多少计划从“太平洋”离港的航班。(212)

一些参与者（18%）表示，在台风进一步发展之前，他们不会采取任何具体行动。例如：

> 我想在这个阶段，直到我们获得台风正在向我们移动的信息之前，运行是正常的。（212）

核心决策注意事项

分类为核心决策注意事项的评论表明，相较于初级决策注意事项的评论，参与者对台风的后果有更好的理解。这与他们在之前情景中使用的方法类似。与诸如在台风期间确定受干扰航班的初级决策注意事项不同，核心决策注意事项更关心干扰管理。从有关特定航班的评论中可以看出这一点。例如，参与者考虑正在飞往“太平洋”的航班在降落“太平洋”之前或备降到另一个机场之前的最长盘旋时间。

> 因此，我们首先要了解 LHE（飞机注册号）和 LHF（飞机注册号）的燃油情况。因为他们已经安排了备降场（能让飞机安全备降的机场），所以我们会让他们飞到“太平洋”。理想的情况是他们有燃油可以尝试着陆一次，如果没有燃油可以尝试，你会尽你所能地更新天气预报。（205）
>
> 所以我们会考虑所有在那个时间到达的航班，并确定他们的备降场是哪里。基本上根据经验我们可以知道有哪些备降场，以及这些备降场可以接纳多少架航班。（503）

参与者还确定了在超远程飞行途中航班的关键燃油条件，因为其航路要穿过台风。例如：

> 所以在这个阶段，我会和飞行计划人员交谈——如果台风向南移动。“太平洋”仍在运行，但这将如何影响温哥华到“太平洋”和旧金山到“太平洋”的航班？（310）

这些评论表明，除了确定具体的受干扰航班，参与者关注干扰的更为复杂的后果；他们似乎在他们确定的限制内进行了干扰管理。例如，虽然他们可能已经确定了合适的备降场，但他们可能没有考虑将多架飞机备降到一个机场的后果。结果表明，虽然一些参与者可能会发现局势的局限性，但他们可能只会考虑与这些限制所带来的相应情况的后果。因此，核心层面的决策注意事项可能不足以使参与者在高度复杂的情况下管理干扰以获得最佳结果。

高级决策注意事项

许多参与者（33%）希望通过寻求更多关于台风预计路径及其抵达“太平洋”的预期条件的进一步信息来寻找特定的方法以减少天气情况对穿越“太平洋”的航班的运行影响。这些信息使他们能够考虑采取其他行动，例如增加即将飞往“太平洋”的航班的燃油负荷，改变航班的起飞时间以避免最恶劣的天气条件，并将航空器固定在地面上或将其撤出该地区。例如：

> 我会看情况控制延迟航班，然后会通知外站并告诉他们发生了什么，然后我会保留机长和让航班晚点起飞直到我们确切知道了台风的具体情况。(305)
>
> 首先，我会联系台北，并表示我们需要在那里的飞机都额外加燃油。我希望他们在关闭舱门前与我们核实我们是否让飞机起飞。(308)

一些参与者（52%）考虑了他们的计划可能会带来的后果，例如大量的航班都同时备降在同一个机场会出现机场资源紧张。例如：

> 我先打电话给马尼拉，然后打给台北，使他们警觉起来，跟他们核实那边的天气等情况。例如，看看是否有足够的停机位，然后我根据他们的指导、他们能接受的备降航班数量和保障航班的数量来制订计划。(508)

看起来，确定高级决策注意事项的参与者比其他人更有可能有效管理干扰。为了调查这些决策注意事项可能受到参与者专业知识水平影响的方式，该研究调查了专业知识与决策注意事项的关系。

专业知识

在场景三中，新手似乎会混淆所提供的有关台风的初始信息。许多新手要求重复或澄清信息，使他们能够确定台风的位置、强度、方向和速度。例如：

> 台风正朝着哪个方向移动？（201）
>
> 你对台风有何评论？他们不能给我们预测台风会去哪。（212）
>
> 你可以重新开始吗？抱歉？时间是什么？（400）

相反，专家似乎更容易理解信息。这可能是由于他们以前的经验或具有类似事件的知识。例如：

> 台风在停滞不前，这样会给“太平洋”带来很多天气变化，会有很多水分循环，飞行条件相当有限。所以备降场或干扰管理显然是重要的。我会直接关注台北的情况。（203）
>
> 那么，根据风暴的严重程度和强度，你可能想要让你的飞机离开机场。通常，你会有很多飞机在那里，所以将这些飞机转移到风暴范围之外的某个地方可能不太实际，不过你可以做些什么。当你到达那里发现机场关闭了，当然你需要为国际航班制定一个备降场。（205）

根据行业和OCC领域专业知识水平，表7.13列出了新手和专家的专业知识与决策注意事项之间的关系。

前两种场景的结果表明，无论其专业知识水平如何，参与者都似乎更关注核心层面的决策注意事项。在场景三中，这一点不太明显。相反，参与者确定了更高级的决策注意事项。这表明，在复杂的情况下，参与者可能会集中精力克服干扰，而不是在限制条件内管理干扰。这对于新手和专家都很明显。这一发现很重要，因为它表明参与者不需要成为专家来证明他们预测和克服情况的能力。研究结果还表明，在某种情况下，专家不一定比新手表现更好。因此，结果与Hershey和Walsh（2000）的研究一致，他们发现经过有限培训的新手在审计任务中表现优于专家。

表 7.13 不同行业和 OCC 领域专业知识水平下的新手和专家的决策注意事项的数量和平均值（$N=33$）

决策注意事项	行业和 OCC 的新手[a]		行业的专家和 OCC 的新手		行业和 OCC 的专家	
	n=8		n=15		n=10	
	f	M（SE）[b]	f	M（SE）	f	M（SE）
初级	10	1.3（31）	20	1.3（0.29）	13	1.3（0.21）
核心	16	2.0（0.50）	36	2.4（0.29）	33	3.3（0.50）
高级	29	3.6（0.53）	43	2.9（0.43）	36	3.6（0.52）

[a] 没有参与者是行业的新手而同时是 OCC 的专家

[b] M= 一个类别中每个参与者的评论平均值

SE= 估计平均值的标准误差

决策风格

场景三对新手和专家使用理性和直觉决策风格的程度进行了研究。

理性决策风格

一些参与者（15%）的评论被归类为低理性 DMS 的意见。评论表明参与者考虑了该场景的几个方面。然而，这些评论往往毫无联系，几乎没有任何系统性的过程证据。通过这种方式，评论显示了在前两种场景中与低理性 DMS 有关的评论的相类似的模式。例如：

我会尝试在这个地区着陆。机场是安全的吗？我会关心关于燃油的相关政策。我正在查看目的地机场的宵禁时间。（506）

情况可能越来越差，或越来越好。然后我们就得做些工作。打电话给马尼拉然后再打给台北，使他们警觉起来，跟他们核实那边的天气等情况。是否有充足的停机位。我也打电话给工程支持部门，询问他们是否可以接受更多的备降航班。（507）

归类为高理性 DMS 的评论表明，一些参与者使用高度系统的过程来应对场景三中的天气情况。例如：

> 我没有被告知任何趋势类型的天气预报，所以我没有看到任何必须预测的事情，或者跟踪某个特定的机场……显而易见的是，我们的台风级别为五级，这是一个中等强度的台风，所以我们显然有一些糟糕的天气。根据定义，它仍然会影响飞行计划和航路天气。因此，在我们确定使用哪条航路之前，我会联系飞行计划人员以获得最佳信息。（211）
>
> 此刻，我会继续飞行。我建议机长们看看我们正在观察的情况，如果台风下降并开始影响航路，那么就需要去附近机场备降，如果有足够的燃油，那么就继续飞行尝试一次进近。如果天气仍然非常糟糕，我们会考虑去马尼拉和台北。假设那个阶段天气变化很快，我们给飞机加油并准备立即回来。（310）

这些评论的差异表明参与者使用理性 DMS 方式的差异。根据行业和 OCC 领域专业知识水平，表 7.14 列出了参与者使用理性 DMS 和专业知识之间的关系。

表 7.14 的结果与场景二的结果一致。虽然场景三比场景二更复杂，但参与者采用高理性 DMS 管理情况。这支持了场景二中的发现，其表明新手和专家在高度复杂的情况下似乎更多地依赖于理性决策风格。

表 7.14　不同行业和 OCC 领域专业知识水平下参与者使用理性决策风格的分类（*N*= 33）

理性 DMS	行业和 OCC 的新手[a]		行业的专家和 OCC 的新手		行业和 OCC 的专家	
	n=8		*n*=15		*n*=10	
	n	%	*n*	%	*n*	%
低	2	25	2	13	1	10
高	6	75	13	87	9	90

[a] 没有参与者是行业的新手而同时是 OCC 的专家

直觉决策风格

在场景三中，被归类为低直觉 DMS 的评论表明，尽管参与者认为台风可能会干扰航班，但几乎没有证据表明参与者对什么可能起作用或什么不起作用有强烈认识。例如：

> 台风约 225 公里外，它可以随时改变方向，并可能影响其他所有机场。我会让航班准时起飞，但我会告诉他们带上足够的燃油。（507）
>
> 我们会考虑持续监视这个台风，看看它将会发生什么。我们将与我们的飞行计划人员保持联系，并且看看航班应该选取哪条航路以避开台风。（302）

只有 15% 的参与者评论被归类为低直觉 DMS。相比之下，本场景中的大多数评论都表明参与者似乎使用高直觉 DMS。许多与参与者感觉有关的评论是预测台风的后果。例如：

> 台风以 40 迈的速度向西南移动，所以我会将飞机备降到一个不在飓风预测轨迹中的机场。但问题在于，即使我得到了这些飓风会袭击机场的预测，如果台风出现的时间比预计的早，机场的基础设施可能会损毁，助航设备可能会遭到破坏，所以没有助航设备，温哥华的航班无论如何都没办法进近了。（217）
>
> 在台风袭击我们的同时，飞机进入“太平洋”的可能性非常高，因此飞机很有可能不能在“太平洋”降落，而不得不备降到其他地方，我们也不希望这种情况发生。（400）

表 7.15 显示了根据行业和 OCC 领域的专业知识水平，参与者使用直觉 DMS 和专业知识之间的关系。表 7.15 中的发现表明，新手和专家似乎都使用高直觉 DMS。该结果还支持了前面场景的发现，其表明专家在复杂情况下似乎比新手更善于使用直觉决策。

表 7.15 不同行业和 OCC 领域专业知识水平下参与者使用直觉决策风格的分类（$N=33$）

直觉 DMS	行业和 OCC 的新手[a]		行业的专家和 OCC 的新手		行业和 OCC 的专家	
	n=8		n=15		n=10	
	n	%	n	%	n	%
低	2	25	2	13	1	10
高	6	75	13	87	9	90

[a] 没有参与者是行业的新手而同时是 OCC 的专家

决策备选方案的产生

在场景三中，参与者需要考虑接近的台风对运行的影响，因此会提供台风的位置、大小、方向和速度。尽管许多参与者（33%）表示他们会让所有航班按照他们的时刻表运行，但有一些参与者（42%）开始考虑应急计划。随着有关台风的进一步信息的提供，参与者确定了具体的备选方案，例如确定可让飞机备降的可用的机场（24%），并推迟特定的航班以避免在台风期间抵达“太平洋”（39%）。由于情景没有扩大到“太平洋”台风的影响，研究的重要发现与参与者确定备选方案的程度有关。然而，从评论中可以明显看出，具有行业和 OCC 领域专业知识的参与者似乎能够比新手更全面地为干扰做好准备。

国际场景中的趋势总结

通过研究国际模拟的三种场景中的决策过程，一些模式出现了。参与者通过寻找特定场景的信息来积累情景意识。在复杂情况下，他们强调了接收准确和可靠信息以及随着环境变化获得更多信息的重要性。参与者还关注初级和高级决策注意事项。这表明在复杂的情况下，考虑到诸如转机和天气条件等基本性质，以及考虑可能使决策者为诸如重新安排航班之类的问题制定创造性解决方案的决策注意事项很关键，这会确保他们的操作能力。同样显而易见的是，在高度复杂的情况下，新手和专家都将注意力放在高级决策注意事项上。这表明参与者可能并不一定依赖他们的专业知识水平来提供创造性的问题解决方案。尽管文献中有证据表明，在复杂动态的情况下，理性决策风格可能不足以解决问题，但在本研究中，在复杂场景中使用高理性决策风格是尤其明显的。研究结果表明参与者还使用了高直觉决策风格，特别是在高度复杂的情况下。因此，就国际模拟而言，复杂情况下决策似乎依赖于理性和直觉决策风格。

本章小结

本章介绍了 33 位参与者在国际模拟期间与决策过程相关的结果和分析。参与者的评论根据复杂程度分为三个级别：初级、核心和高级情景意识。分类表明，尽管一些信息仅提供了表面情景意识水平，但其他信息则帮助参与者确定了潜在干扰的领域。这种分类方法建立在 Endsley（1995a）以前的工作基础之上，即在她的情景意识模型的第 1 水平（元素的感知）还存在子水平元素。

本章研究了参与者的经验水平、专业知识和情景意识之间的关系。结果表明，参与者获得初步情景意识，其通过特定信息来加强。因此，情景意识的获得显然是一个累积过程。虽然领域经验对获取情景意识的重要性之前已经提到过，但国际模拟的结果强调参与者的行业经验水平也很重要。被分类为行业和 OCC 专家的参与者专注于高级信息，这使他们能够建立比新手更全面的情景意识。

该研究重视参与者的决策注意事项。这些注意事项根据复杂程度分为三个级别：初级、核心和高级。虽然一些参与者承认表面的注意事项，但其他参与者考虑了克服或避免潜在干扰的替代方法。决策注意事项步骤在以前的决策模型中并不明确。然而，站在参与者的角度从国际模拟中的评论来看，步骤对决策过程很重要。

该研究考察了专业知识、决策风格和决策注意事项之间的关系。结果表明，新手们以零星的方式接近决策过程，往往侧重于情况的表面。相反，专家们制定了一种更全面的方法，使他们能够认识到并超越问题限制。新手和专家在复杂情况下越来越关注高级决策注意事项，这在国际模拟中是意想不到的结果，因为新手被认为缺乏足够的经验来考虑这些方面。该研究还对参与者使用理性决策风格和直觉决策风格的程度进行了考察，结果表明，无论国际模拟的复杂性如何，参与者都依赖于这两种风格。这是一个意想不到的结果，与以前的观点不一致，即在复杂的动态环境中理性决策风格可能是不充分的。因此，研究结果与 Beach 和 Mitchell（1978）与 Hammond（1993）等研究人员的工作形成了鲜明的对比，他们认为决策是从分析到直觉极限的连续统一体。相反，该研究结果表明，决策制定使用了直觉和理性相结合的方法。

第八章介绍了 19 位参与者在国内模拟期间的决策过程的结果和分析。关于本章中国际和国内模拟数据的比较将在第八章中进行阐述。

第八章　国内模拟

导　言

本章介绍了 19 名参与者在国内模拟中的决策过程的结果和分析。为了识别国际和国内决策过程之间的差异，本章通篇对国际和国内模拟结果进行比较。因此，本章的结构与上一章一致。

国内模拟的背景

为了最大限度地利用诸如飞机和机组人员等资源，以最优的时刻表来安排国内飞机运行是至关重要的。由于国内时刻表通常包含在一个日历日内，因此这种优化通常会尽可能缩小航班的时间间隔进而导致非常高的飞机利用率。因此，国内计划干扰往往比国际干扰更为广泛，并且往往不易恢复且复杂。因此，决策往往需要航班延误、航班取消、更换飞机等多种运行和商业结果相结合。这与国际航班计划有很大的不同，国际运行通常具有更长的飞行阶段——通常超过一个日历日，更孤立的干扰（译者注，对后续航班的影响小），以及充足时间来进行决策恢复。考虑到国内计划干扰的复杂性和严重后果，及时决策对于计划完整性更为重要。

实施国内模拟

与国际模拟类似，国内模拟包括两个阶段：参与者熟悉国内航班计划的初始阶段和要求参与者在三个独立场景中评估情况并解释他们的决策过程的第二阶段。

初始情景意识

参与者在这三种场景开始之前熟悉国内航班显示。在最初的熟悉过程中没有发生运行干扰。参与者的评论表明，他们观察到的飞行显示与国际模拟参与者观察到的相同，即航班时刻表、航班的时间间隔、维修要求、客座率和天气。许多参与者（68%）表示，他们利用熟悉阶段为运行问题作好准备，并寻找飞机利用方面的弱点作为克服这些问题的一种手段。例如：

> 如果出现任何干扰，我要做的全部工作就是强调干扰可以利用的一些领域。我主要关注的是时间间隔、训练飞行以及飞机在各个机场的地面时间。（103）
>
> 无论如何，我会在主要机场快速看一下，只是假设一天的第一个航班可能会出现问题，基本上我只是快速地在脑子里想一下，在任何一个指定的机场，我能够在多大程度上更换机型。（210）

似乎相当重视查明潜在干扰的来源，特别是在维修方面。很明显，很大一部分评论（95%的参与者）涉及了维修要求、限制以及对潜在延误的担忧。例如：

> 可能有一架刚维修好的飞机。我发现这非常重要，因为通常情况下，如果一架飞机刚刚被维修好，那很可能它不会准时起飞。（202）
>
> 我还对剩余的维修时间感兴趣，以便核实时间，这个给了我们一个可以对非今天运行的航班做什么的想法 。（303）

大多数参与者（74%）发现航班的时间间隔。例如：

> 我想看的是停场航班，意味着这个航班 NBM 会在悉尼停留 3 个小时。还有一个，NBO 会在墨尔本停留 2 个小时。（314）

对于航空公司 OCC 来说，在制定航班时刻表的过程中预留航班的时间间隔和地面时间是关键的，因为它们提供了理解延误其干扰的方法。尽管许多参与者（61%）确定了国际模拟中的航班时间间隔，但从他们的评论中可以明显看出，时间间隔的确定在国内模拟中似乎比在国际模拟中更为关键。

信息完整性

在熟悉阶段，参与者表示他们需要额外的信息来补充他们的初始观察。例如：

> 我会在晚些时候跟库伦加塔（澳大利亚地名）谈谈，以确保他们能够用 U/S APU（无法使用的辅助动力装置）处理这架飞机，并确保地面动力装置是可用的。我会和布里斯班、悉尼和墨尔本这些主要机场联系，并询问“你们有任何没有告诉我的问题吗”。（207）
>
> 我会问维修部门，哪些飞机因夜间航班而延误，哪些飞机已确定起飞时间，如果他们知道要问什么现在也可以增加问题，协议是在五点的时候，他告诉我哪些问题可以解决，哪些问题解决不了。这是双向的，他们可以打电话给我们，或者我们可以打电话给他们。（208）
>
> 从机组人员的角度来看一切正常且运行良好。因此，机组人员正在联系，如果没有任何延误，我不会遇到任何直接的问题。所以除了找出延误的情况外，我的下一步是找出机组的个别问题。（202）

这些评论表明，单凭观察不足以获得情景意识，需要进一步的信息。在国际模拟中，大多数熟悉阶段的信息询问与维修、客座率和转机（联程乘客）、管理限制、机组人员都和天气有关。在国内模拟中，大多数信息询问会涉及维修（参与者 58%）、天气（32%）、机组人员（26%）、客座率和转机（16%）。这些发现表明了模拟之间一定程度的通用性。然而，考虑到国内计划的复杂性，强调维修和机组注意事项并不令人意外，并且表明参与者在多大程度上将这些方面视为获得情景意识的关键。

情景意识评论的分类

为了与前一章的分析一致，根据复杂程度将情景意识的评论分为初级、核心和高级三个子类别。将参与者的评论归类为情景意识类别的评估者之间的可靠性为 0.76。将评论确定为子类别的评估者之间的可靠性为 0.7。共有 112 条关于情景意识的评论被分类为初级（54%）、核心（32%）和高级（13%）。

初级情景意识

当参与者的观察基于容易从显示器中获得的信息时，评论被归类为初级情景意识。从他们的评论中可以看出，参与者似乎只获得了基本的情景意识。在初级水平，有关国内模拟的评论与国际模拟中的评论相似。例如，两种模拟的参与者都表示他们对航班的利用率和观测到的载客率进行了总体概述。然而，在国内的模拟中，几乎所有的参与者（95%）都强调了维修相关信息的情景意识，例如限制、要求和潜在问题。例如：

> 我正在查看每架特定飞机的起降次数（起飞和着陆），每天结束时的维修以及飞机是否必须在该机场进行维修等。（101）
>
> 接下来我要看的是那晚需要进行什么维修。今晚我要维修七架飞机，我的目标是按计划完成维修。然后，我将考虑飞机的故障如 NBN（飞机注册号），该有一个无法使用的辅助动力装置。（207）

这些评论强调了维修对国内业务的重要性。这种强调可能是由于参与者意识到航空公司通常要求在夜间执行维护工作，即在深夜和早班航班之间进行维护工作。评论还表明，对维修问题的认识似乎是了解国内业务概况的核心。

根据评论的重点，将初级情景意识水平的评论进一步划分为七个子类别。表 8.1 列出了初级情景意识评论的数量和百分比。

表 8.1 中的数据表明作为参与者情景意识基础的子类别的多样性。显然，初级情景意识的子类别在国内模拟中比国际模拟中广泛得多。这表明，在国内业务中获得基本的情景意识水平可能会更加复杂。所有参与者都确定了初级水平子类别，几乎所有参与者（95%）确定了核心水平子类别。大约三分之二的参与者（63%）在各级情景意识水平中确定了小类。对初级水平的高度集中反应表明，参与者需要对飞行显示的几个方面有所了解，才能获得基本的情景意识水平。

表 8.1　初级情景意识评论的分类（$N=19$）

参与者确定的子类别	f	%
总体概况	5	8
飞机计划或利用率	12	20
短转场	4	7
客座率	11	18
飞机维修历史	7	11
维修发布时间	9	15
当前 / 计划的维修需求	13	21
评论总数	61	100

核心情景意识

分类为核心情景意识的评论表明，参与者还确定了更全面的信息，特别是可能有助于预测干扰的信息。在核心情景意识层级最值得注意的观察是识别航班的时间间隔。虽然航班时刻表是为了最大限度地提高航班的利用率，但航班的时间间隔为运行控制人员提供了更换飞机的机会，以此来最大限度地减少干扰。考虑到飞机的高利用率和航班之间短暂的地面时间，这些时间间隔在国内业务中似乎非常重要。例如：

> 我正在查看时间间隔，这给了我可以获得富余的时间间隔的提示。（204）
>
> NBM（飞机注册号）于 1330 抵达悉尼并在 1630 出发，它有 3 个小时的时间间隔。其他飞机还有一些较小的时间间隔，但是 NBM 是最突出的一个。这一点很重要，因为如果其他飞机在阿德莱德发生故障，合理的处理办法就是将飞机飞到那里并尽心换机。（102）

近一半的参与者（42%）表示他们寻找潜在的干扰迹象，如机组或天气问题。例如：

> 我对交接工作的另一个即时反应是看看天气，以及实际发生的情况。

我还会询问机组限制，如果有的话，以及对任何超长工作时间的规定。这将是我最初的移交问题之一。(314)

许多参与者（32%）也确定了具体的运行，例如训练飞行。这些航班计划提供特定的飞行员培训并且不带乘客。

参与者建议，训练飞行代表了在干扰期间推迟或调整的机会，可以使运行控制人员将飞机用于客运航班。与国际模拟中核心层面的评论一致，这里的评论表明参与者寻找可能破坏操作的潜在威胁以及可以利用的弱点来帮助解决这些问题。这表明参与者寻求一定程度的初级水平以外的情景意识。根据评论的重点，核心情景意识层面的评论进一步被分为七个子类别。表 8.2 列出了核心情景意识水平内的评论的数量和百分比。

表 8.2 核心情景意识评论分类（$N = 19$）

参与者确定的子类别	*f*	%
航班的时间间隔	14	39
可能的机组问题	5	14
可能的天气问题	6	16
训练飞行	6	16
管理限制	2	6
关键运行	1	3
干线优先	2	6
评论总数	36	100%

表 8.2 中的数据表明，参与者似乎专注于飞行显示可能导致干扰的方面，或者可能为其提供限制或从干扰中恢复的机会。这表明参与者并不满足于仅将熟悉阶段用作获取基本信息的手段。相反，他们似乎使用这个阶段来寻求更好的应对干扰的准备状态。

高级情景意识

除了核心层的评论重视确认航班的时间间隔，高级层面的评论还表明参与者将这些观察与诸如航班客座率等其他信息结合起来。通过这种方式，可以获得更全面的情景意识。例如：

> 另外，我只是快速浏览一下飞机在任何使用过程中多余的地面时间，只是为了更好理解延误……事实上，我会快速浏览主要机场——墨尔本、悉尼和布里斯班，只是假设一天的第一个航班可能出现问题，基本上只是在脑子里快速过一下，以便在任何给定的机场，我在多大程度上可以更换机型 。（210）
>
> 如果你的宽体机出现问题，那么你可以更换窄体机，或者可以将航班结合起来，如果客座率合适的话 。（303）

与潜在的维修问题相关的准备程度也很明显。例如：

> 那么我会做交叉检查，以确保我们在哪条航线上拥有哪些飞机能够做到这一点（与维修限制有关的）。（208）
>
> 所以对于 APU（辅助动力装置），我特别注意到 NBN（飞机注册号）的 APU 故障以及它的飞行情况。我可能会在晚些时候与库伦加塔机场的工作人员联系，以确保他们能够处理这架飞机并确保地面动力装置是可用的。那么它将不会影响这一天剩下的其他飞行。（207）

诸如此类的评论表明，确定高级情景意识的参与者为可能的干扰寻求可能的准备状态并考虑克服情况约束的可能解决方案。根据评论的重点，高级情景意识评论进一步被分为五个子类别。表 8.3 列出了高级情景意识评论的数量频率和百分比。

表 8.3 高级情景意识评论的分类（$N=19$）

参与者确定的子类别	f	%
更换飞机或取消航班的机会	5	33
不熟悉的运行	3	20
维修限制对运行的影响	2	13
改变维修需求的能力	4	27
干扰本地化或最小化	1	7
评论总数	15	100%

表 8.3 中的数据表明，参与者通过减少干扰的后果，或确定可以使干扰最小化的约束条件来寻找更复杂的方法来克服潜在的问题。例如，参与者通过寻找改变飞机机型的机会以及可以满足维修要求的替代方式，来进一步确定短转场或限制性维修要求。

经　验

为了调查情景意识水平的变化是否受到参与者经验的影响，研究调查了情景意识与经验之间的关系。在国内模拟中，63%的参与者在 OCC 工作之前拥有行业经验。这一经历包括机场签派、机组排班、机队计划、空中交通管制以及作为飞行员或飞行工程师获得的经验。为了调查国内模拟中情景意识和经验之间的关系，根据参与者在该行业中的年限以及他们在 OCC 中的年限考察了经验。根据经验年限，通过比较评论的平均值来分析参与者的评论，其中平均值（M）被确定为一个类别中的评论数量除以作出该类评论的参与者的数量。根据行业经验（表 8.4）和 OCC 领域经验（表 8.5）对每个参与者的情景意识评论的数量和平均值进行了分类。

表 8.4　不同行业经验年限下的情景意识评论的数量和平均值（$N = 19$）

情景意识	行业经验年限									
	<1 年		1-5 年		6-10 年		11-15 年		>15 年	
	n=3		*n*=1		*n*=2		*n*=2		*n*=11	
	f	*M*（*SE*）[a]	*f*	*M*（*SE*）	*f*	*M*（*SE*）	*f*	*M*（*SE*）	*f*	*M*（*SE*）
初级	7	2.3（.67）	5	5.0（0）	6	3.0（0）	7	3.5（.50）	36	3.3（.38）
核心	4	1.3（.33）	5	5.0（0）	5	2.5（.50）	5	2.5（.50）	17	1.6（.28）
高级	-	-	1	1.0（0）	2	1.0（1.0）	2	1.0（1.0）	10	.91（.09）

[a] *M*= 一个类别中每个参与者的评论平均值

SE= 估计平均值的标准误差

表 8.4 中的数据表明，无论行业经验的程度如何，对初级情景意识回应的关注度很高。相比之下，国际模拟中的大多数反应被归类为核心情景意识。参与者评论的子类别的比较表明，为了在国内运行中提供基本的意识水平，运行

控制人员可以将诸如机队利用率、维修要求和航班负载等视为关键的方面。因此，国内 OCC 的经验可以使运行控制人员很容易地识别初级情景意识。研究还考虑了情景意识与 OCC 经验之间的关系。表 8.5 根据参与者在 OCC 中的年限来考察这种关系。

表 8.5 不同 OCC 经验年限下的情景意识评论的数量和平均值（*N* = 19）

情景意识	OCC 经验年限									
	<1 年		1-5 年		6-10 年		11-15 年		>15 年	
	n=4		*n*=3		*n*=6		*n*=3		*n*=3	
	f	*M*（*SE*）[a]	*f*	*M*（*SE*）	*f*	*M*（*SE*）	*f*	*M*（*SE*）	*f*	*M*（*SE*）
初级	11	2.8（.63）	12	4.0（.58）	16	2.7（.21）	11	3.7（1.2）	11	3.7（.67）
核心	7	1.8（.48）	9	3.0（1.2）	11	1.8（.31）	5	1.7（.33）	4	1.3（.88）
高级	-	-	3	1.0（0）	7	1.2（.31）	3	1.0（.58）	3	1.0（0）

[a] *M*= 一个类别中每个参与者的评论平均值

SE= 估计平均值的标准误差

表 8.5 中的数据表明，无论 OCC 经验的程度如何，对情景意识初级阶段回应的关注度很高。这个结果与表 8.4 的结果一致，并且表明国际 OCC 经验以及国内 OCC 的经验可以使运行控制人员容易地识别初级情景意识。与表 8.4 中的行业经验结果类似，表 8.5 中的数据表明，不管 OCC 经验的年限是多长，初级级别的评论关注度都很高。这与国际模拟的结果形成对比，其评论集中在核心水平子类别上，并且表明国内模拟的参与者认为初级水平的信息对于获得情景意识比核心水平的信息更重要。

总之，从解释参与者的经验水平如何影响获得的情景意识水平的角度来看，这些结果与国际模拟的结果一致。国内模拟的最高平均评论值来自拥有超过 15 年行业经验的参与者，以及拥有超过 10 年 OCC 经验的参与者。这表明随着控制人员经验水平的提高，行业经验在获得情景意识方面可能比在特定领域的经验更为重要。此外，在国内模拟中强调初级情景意识的内容表明，参与者倾向于将这些考虑因素视为获得初级意识水平的基础。

专业知识

表 8.6 根据新手和专家在行业和 OCC 领域的专业知识水平介绍了他们的情景意识和专业知识之间的关系。

表 8.6 不同行业和 OCC 领域的专业知识水平下的
新手和专家的情景意识评论的数量和平均值（N=19）

情景意识	行业和 OCC 的新手		行业的专家和 OCC 的新手		行业和 OCC 专家	
	n=6		n=7		n=6	
	f	M（SE）[a]	f	M（SE）	f	M（SE）
初级	18	3.0（.52）	21	3.0（.31）	22	3.7（.61）
核心	14	2.3（.61）	13	1.9（.34）	9	1.5（.43）
高级	3	.50（.34）	6	.86（.14）	6	1.0（.26）

[a] M= 一个类别中每个参与者的评论平均值
SE= 估计平均值的标准误差

表 8.6 的结果表明，新手和专家在初级情景意识方面的回应率很高。这与表 8.4 和表 8.5 的结果一致，并表明新手和专家都认为初级信息是获得情景意识的基础。新手似乎比专家更关注核心层面的情景意识。这可能与新手重视诸如航班的时间间隔、天气和机组等方面作为准备干扰的手段有关。但是，专家们也可能已经考虑了这些方面，但没有对他们的观察结果进行口头表述。此外，几乎没有证据表明，行业或 OCC 领域的专业知识导致了更高级情景意识。相反，无论参与者的专业水平如何，他们似乎更关注初级层面的问题。研究结果表明，专业知识可以帮助参与者获得对诸如客座率或计划安排问题等方面的基本认识，但可能不一定有助于他们获得高级情景意识，例如限制干扰后果或减少运行限制。

总之，从这些研究结果来看，在国内模拟中增加参与者在行业和 OCC 领域的专业知识可能有助于他们更好地了解国内业务的基本方面。然而，正如国际模拟结果所证明的那样，几乎没有证据表明专业知识可以帮助参与者达到更高级别的情景意识。这样看来，这些发现不同于国际模拟。

决策注意事项

参与者在产生决策备选方案之前考虑了多种多样的决策注意事项。根据复杂程度将参与者的评论分类为初级、核心和高级类别。为了保持一致性，分类评论的方法与国际模拟中使用的方法相同。

决策注意事项评论分类

当参与者考虑场景的基本方面，例如飞机、客座率、机组和维修要求时，评论被归类为初级决策注意事项。那些表明参与者毫无疑问地接收信息的评论也被视为初级决策注意事项。核心层面的评论表明，参与者进一步确定了情况的后果，或确定了分配资源以使其能够管理情况的方法。例如，他们可能会质疑延误的航班是否可能会影响机组的执勤时间或出现联程乘客的问题，或者他们可能已经确定了可以根据天气问题优化航班时间表的方法。归类为高级决策注意事项的评论表明，参与者考虑了突破情况局限的方法。例如，他们可能已经确定了避免航班延误的替代方法，或者他们可能已经协商重新安排维修工作。

场景分析

国内模拟的第二阶段要求参与者考虑三个独立场景中所呈现的情况。专家小组为国内模拟中的每个场景提供了一个最佳解决方案，以及参与者在决策过程中应考虑的一系列决策注意事项。这为测量参与者在这些情景中的反应提供了一种手段。根据参与者对其改进情景意识、信息完整性、决策注意事项、专业知识水平、决策风格和决策备选方案的产生情况的评论，来分析场景。

场景一

在场景一模拟开始时向参与者提供了以下初步情况介绍：

时间是1530。南太平洋航空公司正在运行东京（NRT）到悉尼

（SYD）的航班。然而，这架航班由于燃油问题备降到 BNE，ETA SYD 现在是 1715。该航班有 70 名转机乘客，其中包括 25 名将转机到航班 826 SYD-ADL（阿德莱德）的残疾人。悉尼机场的经理表示，她肯定希望为这些转机乘客控制 826 号航班，因为转机乘客的数量占到了 826 航班订座量的一半。

场景一要求参与者考虑 826 号航班延误的程度以等待延误进港的国际航班的乘客。运行 826 号航班的飞机计划在机场关闭前返回悉尼，因此参与者还需要考虑到这一方面（见附录 C）。参与者需要确定和考虑的另一个复杂因素是国际航班抵达悉尼国际航站楼后有 70 名乘客需要通过海关和移民局，然后需要通过巴士将这些乘客全部运输到在机场另一边的国内航站楼。参与者需要确定决策注意事项作为他们在干扰恢复策略中的一部分。下面的图 8.1 提供了这种场景的图形描述，可以在附录 C 中查看飞行显示。

专家小组提供的最佳解决方案是尽可能延迟飞行时间，并准备多种机型以解决可能违反机场宵禁时间限制的情况。在场景一中，将参与者的评论归类为决策注意事项类别的评估者之间的可靠性为 0.76。用于识别每个类别中的评论的评估人员间的可靠性是 0.80。

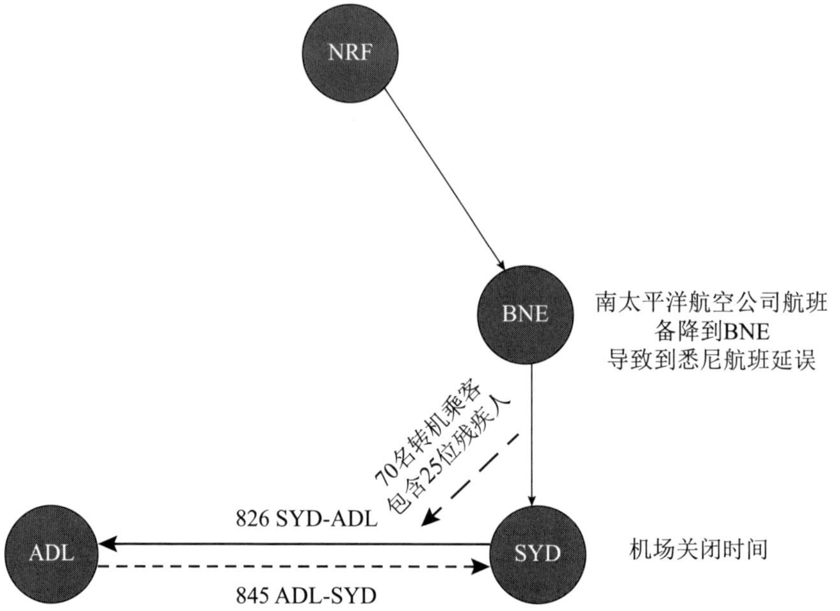

图 8.1　国内模拟场景一的图示。国内使用情况见附录 C（未按比例绘制）

改进的情景意识

在模拟的熟悉阶段，参与者通过观察飞行显示中明显的信息并请求进一步的信息来获得情景意识。随着场景信息的介绍，以及通过询问与场景相关问题的详细信息，参与者加强了他们的情景意识水平。

信息完整性

几乎所有的参与者（95%）都依赖于该场景提供的初始信息。这与国际模拟中的场景一形成鲜明对比，因为在国际模拟的场景一中许多参与者质疑信息的可靠性和来源。从评论中可以明显看出，参与者似乎对情景进行了快速评估，并要求提供关于干扰影响的信息。例如：

> 如果航班在 1715 到达，我们需要多久来安排乘客转机？（206）
>
> 那么我要做的第一件事就是看看预订系统，找出我得到的客座率，以及当时从悉尼飞往阿德莱德的航班有哪些？（207）

从一些评论中可以明显看出，参与者收集了具体的信息，以帮助他们更全面地了解情况。例如：

> 那是当天的最后一个航班？任何其他航空公司还有座位吗？我们在一个小时前有从悉尼飞往阿德莱德的航班吗？我也可以给飞行计划人员打电话来询问我们有哪些高速飞机，同时询问机组是否在悉尼按时出发？（208）

在场景一中，参与者发出了 72 条询问信息。这些请求主要涉及客座率（参与者的 89%）、机场代理（79%）和机组人员（58%）。相反，在熟悉阶段有 29 条询问信息主要涉及维修和天气方面。这些研究结果表明，参与者似乎通过寻找场景的特定信息来增强他们的初始情景意识。这个发现支持了国际模拟的研究结果，表明情景意识是一个累积过程。

决策注意事项

参与者在场景一中就决策注意事项提出了 110 条评论。评论被分为初级（32%）、核心（45%）和高级（23%）三类。

初级决策注意事项

大多数参与者（84%）确定了初级决策注意事项。大约一半的参与者（58%）接受并根据情景开始时向他们提供的信息采取行动，而不会对信息内容或来源提出质疑。在国际模拟中也有类似明显的发现。尽管情景涉及延误航班以等待转机的乘客，但参与者侧重于维修（47%）和机组人员（63%）的决策注意事项。例如：

> 我可以看到两架飞机之间可以进行交换……没有任何一架飞机需要通宵维修。如果我们要交换飞机，让 NBV 飞悉尼，让 NBR 飞珀斯，我们会给维修计划人员打电话来看看他们的反应。（209）
>
> 我们要查看的是机组是先去阿德莱德再返回到悉尼吗？所以我会核实他们的执勤时间。如果航班有半个小时的延误，执勤时间还符合要求吗？（313）

评论表明，无论考虑何种问题，在国内模拟中，参与者都可以将维修和机组等特定方面视为基本考虑因素。

核心决策注意事项

核心决策注意事项的评论表明，参与者对情况的理解有所增强，并考虑了减少局势后果的方式，但只能在场景的限制之内。大多数参与者（84%）想方设法减少干扰，例如缩短机场的地面时间，或询问航班是否能以更快的速度运行来追回某些延误的时间。通过这种方式，参与者可以减少机场关闭后到达悉尼的风险。例如：

> 我实际上会考察悉尼到阿德莱德的飞行时间和阿德莱德到悉尼的飞行时间，并得到一个飞行计划，来推算两个航班中间是否有较短的时间，然

后查看在阿德莱德的周转时间，看看他们能做些什么……（314）

参与者被告知，一大批转机乘客是残疾人。这种情况增加了场景的复杂性，因为乘客转机时间的不确定性增加。很明显，有些参与者（58%）认识到这一群体转机的难度增加并需要大量的转机时间。例如：

将残疾人士转机需要大量的时间。我们通常在其他旅客登机前，将他们送上飞机。25 名残疾人比较多，所以转机需要大量时间。如果我们确实等待这些转机乘客，这会有一个非常大的风险，那就是由于机场宵禁时间限制，我们没办法让 845 航班返回悉尼。（215）

从参与者的评论中可以明显看出，他们所考虑的决策注意事项集中在问题限制条件内解决问题上，而不是在可能导致更有创意的解决方案上。这表明，核心决策注意事项可能会限制决策结果。

高级决策注意事项

高级决策注意事项的评论表明，参与者寻找可以避免这种情况的方式，而不是在限制范围内工作。大多数参与者（68%）为转机乘客确定了一种或多种备选解决方案，以避免延误 826 航班。例如：

他们必须要乘坐 826 航班吗？是否有其他还有空位的从悉尼飞往阿德莱德的航班可供我们来安排这些旅客？又或者我们可以安排他们乘坐飞往墨尔本经停阿德莱德的航班？下一个选择是，我可以直接把乘客从布里斯班送往阿德莱德，还是让他们从布里斯班到墨尔本再到阿德莱德的航班？（202）

避免这种情况的其他方法包括交换飞机以避免悉尼的机场宵禁时间限制。例如：

我会在阿德莱德寻找另一架不受机场宵禁时间限制影响的飞机。现在，如果我们打算这样做，你已经让 NBW 在 1945 进港，并且让 NBW 在 2020 起飞前往墨尔本。我会询问机组排班人员他们是否可以用那个机组从

阿德莱德飞往悉尼。(206)

很明显，高级决策注意事项考虑了突破限制的方法。例如：

这会影响我们延误的826航班，这意味着我们可能无法做到这一点。在情有可原的情况下，我们可以得到悉尼当局的豁免而回到悉尼。(101)

所以计划更换二号发动机，那么我会毕恭毕敬地去同维修部门沟通。如果NBR会遇到机场宵禁时间限制，你还会计划更换NBW的发动机吗?(206)

参与者认为该场景的影响方式存在很大差异，这在决策注意事项的三个类别中很明显。这与国际模拟中参与者使用的方法一致。为了研究这种差异是否可能受到参与者专业知识水平的影响，该研究调查了专业知识与决策注意事项之间的关系。

专业知识

本部分的分析根据10年的经验来区分新手和专家，这个基础在前一章中已经被确立。虽然场景中的信息已经提供给了参与者，以便他们决定是否要推迟飞行，但新手们的一些评论表明他们认为延误已被确认，并不是他们自己作出的决定。例如：

很明显，首先你需要确认航班离开布里斯班的时间和进入悉尼的时间，考虑到要控制航班，很可能在悉尼需要更多的时间。现在很明显，他们将控制转机航班，这是已经确定的。(105)

其他新手似乎也能很快地识别出与某一情况有关的几个单独的方面。这些评论中夹杂着研究人员的回答：

这个在1845起飞的航班，什么时候会进港?尽力搞清楚发生了什么事情。那是唯一一班从悉尼飞往阿德莱德的航班。我们的机组在做什么?第二天他们有什么安排?有多少乘客在845号航班上?还有其他的航班运

行人员吗？我实在是不知道该怎么办。（104）

在国际模拟中，新手似乎将注意力集中在情景的表面特征上，采用“零碎”的方法。同样，国内模拟的新手也关注表面特征。相比之下，专家似乎通过将各方面联系起来形成更全面的情景，例如转机乘客人数、客座率、机场宵禁时间限制和机场代理等决策注意事项。因此，专家似乎很快澄清信息并能够整合问题的组成部分。例如：

> 我们的飞机是否可以容纳 70 名乘客和 25 个轮椅？航班在 1715 到达国际航站楼，并在 1805 从国内航站楼出发，在 50 分钟内他们无法完成转机。在 2230 时，从阿德莱德回来悉尼的飞机将面临悉尼机场宵禁时间限制的问题，我会做的第一件事情是看看预订系统，查看当时悉尼到阿德莱德的航班的客座率如何。（207）

根据专家和新手在行业和 OCC 领域的专业知识水平，表 8.7 给出了其专业知识和决策注意事项之间的关系。

表 8.7　不同行业和 OCC 领域专业知识水平下的专家和新手的决策注意事项评论的数量和平均值（*N*=19）

决策注意事项	行业和 OCC 的新手		行业的专家和 OCC 的新手		行业和 OCC 的专家	
	n=6		*n*=7		*n*=6	
	f	*M*（*SE*）[a]	*f*	*M*（*SE*）	*f*	*M*（*SE*）
初级	10	1.7（.56）	12	1.7（.52）	13	2.2（.40）
核心	14	2.3（.42）	18	2.6（.37）	18	3.0（.37）
高级	6	1.0（.37）	12	1.7（.61）	7	1.2（.60）

[a] *M*= 一个类别中每个参与者的评论平均值

SE= 估计平均值的标准误差

表 8.7 中的数据表明，行业和 OCC 新手似乎倾向于核心决策注意事项。同样显而易见的是，具有行业和 OCC 领域专业知识的参与者确定了比新手更多

的核心决策注意事项。这些研究结果表明，相较于初级决策注意事项而言，参与者更重视比较复杂的决策注意事项。他们似乎将重点放在能够让他们考虑行动的后果的各个方面以及管理情况的决策备选方案上。

决策风格

该研究研究了参与者在国内模拟决策过程中使用理性和直觉决策风格（DMS）的程度。数据分析也研究了新手和专家之间理性和直觉决策风格的差异程度。

理性决策风格

类似于国际模拟中的数据分类，被评为低理性 DMS 的评论表明参与者几乎没有证据表明使用逐步的方法。例如：

> 转机阶段，我们有 50 分钟的时间，我不会担心，因为这个阶段一切正常。如果国际航班晚于 1530 离开布里斯班，我的第一个想法是我们可以取消其他航班，增加一个班次吗？（208）

相反，被评为高理性 DMS 的评论表明参与者以高度系统的方式确定了几个决策注意事项。例如：

> 没有办法让乘客离开布里斯班并将他们以其他方式送到阿德莱德，所以很明显，如果 826 航班在转机时延误了 25 分钟，那么我们在阿德莱德返回悉尼时仅仅会延误 20 分钟。我们应该能够在 2250 悉尼机场关闭之前到达，所以我会问机组排班人员机组的情况。（206）

根据行业和 OCC 领域的专业知识水平，表 8.8 列出了参与者使用理性 DMS 和专业知识之间的关系。

表 8.8 不同行业和 OCC 领域专业知识水平下参与者使用理性决策风格的分类（N=19）

理性 DMS	行业和 OCC 新手[a]		行业的专家和 OCC 的新手		行业和 OCC 的专家	
	n=6		n=7		n=6	
	n	%	n	%	n	%
低	3	50	1	14	2	33
高	3	50	6	86	4	67

[a] 没有参与者是行业的新手而同时是 OCC 的专家

在国际模拟情景一中，参与者似乎使用高理性 DMS，无论其专业知识水平如何。根据 Means，Salas，Crandall 和 Jacobs（1993）的说法，这种方法可以在决策时间充足的情况下使用。然而，表 8.8 中的数据表明，在当前情景中，具有行业和 OCC 专业知识的参与者使用高理性 DMS，尽管在这种情况下决策时间有限。这是一个重要发现，因为它似乎与先前研究的结果相矛盾，它认为理性决策不能解释目标在不断变化的情况下的决策活动（例如 Klein，2001）。

直觉决策风格

参与者使用直觉 DMS 的程度，通过将他们的评论分类为低直觉 DMS 或高直觉 DMS 来考察。分类为低直觉 DMS 的评论表明，参与者似乎只在有限的程度上依赖直觉。例如：

> 我总是会尽可能晚地作出决定。我们希望今晚能让这些乘客到达阿德莱德。我们不能先送走那些正常的人，而把残疾人留下。（312）

相比之下，分类为高直觉 DMS 的评论表明，参与者似乎使用更复杂、更直观的方法来处理这种情况。例如：

> 回到我最初的想法——我的直觉——70 名乘客下机需要一段时间，当转机的人数是 70 人时，这就等同于此次航班乘客的一半，所以我认为必须控制航班等待。（102）
>
> 你必须想清楚，如果由于悉尼机场的宵禁时间限制而不能返回悉尼，

那么到早上你会遇到更大的问题。我有一个分界点，但我认为再多花半小时转机时间，他们可能会及时返回悉尼。（313）

根据行业和 OCC 领域的专业知识水平，表 8.9 列出了参与者使用直觉 DMS 和专业知识之间的关系。

表 8.9 中的数据表明具有行业和 OCC 专业知识的参与者似乎在场景一中使用了高直觉 DMS。这一发现与 Agor（1986）的研究一致，他认为专家们在不确定且决策时间有限时期借鉴直觉 DMS。相比之下，新手在场景一中似乎使用低直觉 DMS。

表 8.9 不同行业和 OCC 领域专业知识水平下参与者使用直觉决策风格的分类（*N*=19）

直觉 DMS	行业和 OCC 新手[a]		行业的专家和 OCC 的新手		行业和 OCC 的专家	
	n=6		*n*=7		*n*=6	
	n	%	*n*	%	*n*	%
低	5	83	2	29	2	33
高	1	17	5	71	4	67

[a] 没有参与者是行业的新手而同时是 OCC 的专家

决策备选方案的产生

研究的重点是研究决策过程，让参与者产生决策备选方案而不是评估决策结果。在场景一中，参与者需要确定是否延误航班以等待来自另一联程航班的乘客。但是，除非参与者改变了机型，否则延误时间会超出机场宵禁时间限制。大多数参与者（84%）同意推迟飞行。在产生决策备选方案时，专家似乎比新手对机场宵禁时间限制有更好的认识，并且假设没有超过机场宵禁时间时，他们更有可能推迟飞行。因此，他们似乎制定了更多可行的策略，例如改变飞机机型或同维修部门商量以克服违反机场宵禁时间限制的风险。

相比之下，新手评论说他们可能会延误飞行，但从他们的评论中看不出他们是否知道机场宵禁时间限制，因为他们的策略似乎没有考虑到这个限制。因此，他们的策略不一定有效，或者至少需要修改以克服限制。该研究结果支持了本研究的早期发现，这表明专家似乎知道什么可能起作用，以及他们的行为可能会产生什么后果。专家似乎比新手更有可能预见到情况的结果，据此他们可能会产生有效解决方案的备选方案。相比之下，新手似乎更容易产生解决涉及联程航班的直接问题的备选方案，但没有充分考虑延误的后果。

场景二

在场景二开始时向参与者提供了以下初步情况介绍：

> 时间是 1830。运营由墨尔本（MEL）到堪培拉（CBR）的 876 号航班的飞机 NBO 发无线电回墨尔本，说明仪器指示有问题。机长说这个问题在墨尔本已经出现过，如果该问题再次出现，那么飞机将停场直至问题得到解决。机长想知道他是否要返回墨尔本还是继续飞往堪培拉。

随后，向参与者提供了更多信息：

> 现在的时间是 1833。从墨尔本的工程师那里获悉，仪器部件在 876 航班之前已经在墨尔本进行了更换。显然这没有奏效，要完全解决这个问题意味着还需要 4 小时。如果飞机到达堪培拉，该飞机将处于 AOG（飞机故障后，飞机停在地面处置）状态。无论哪种方式，这已经是晚上了。我们希望它能回到墨尔本机场，这里可以正确地修复它。另外，堪培拉的工程师之前没有做过这样的工作，而且在堪培拉没有任何部件可以解决这个问题。

场景二比场景一更复杂，涉及一架在起飞后不久发生机械故障的飞机。要求参与者考虑使航班能够继续到达目的地或返回其离港机场的后果。图 8.2 提供了这种情况的图形描述。

专家小组提供的最佳解决方案是通过确定一系列替代解决方案，使飞机能够继续到达目的地并管理干扰的后果。此次干扰的复杂性增加要求参与者考虑诸多决策注意事项，例如更换飞机机型，用替代航班运送乘客，延误、增加和取消航班以及保护受机场宵禁时间或塔台人员时间限制的航班。在场景二中，将参与者的评论归类为决策注意事项类别的评估者之间的可靠性为 0.65，用于识别每个类别中的评论的评估人员间的可靠性是 0.73。

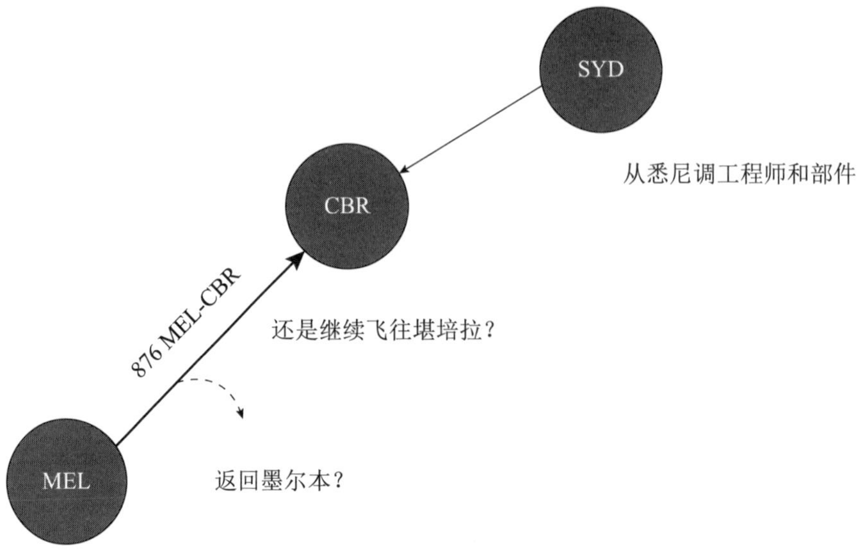

图 8.2 国内模拟场景二的图示。国内使用情况见附录 C（未按比例绘制）

改进的情景意识

参与者了解到，国内模拟中的每个场景都独立于其他场景。因此，在场景二中，随着场景信息介绍以及要求提供有关故障飞机的具体细节来提高他们的情景意识。

信息完整性

参与者确定的直接困境是需要迅速决定是让飞机继续运往目的地（堪培拉），还是返回其出发机场（墨尔本）。因此，几乎所有参与者（95%）都要求提供具体的维修信息，以帮助进一步了解情况。例如：

> 我想我会马上打电话到墨尔本的维修部门，看看在墨尔本发生了什么。（206）
>
> 最初的问题是什么？飞机即将落地。维修部件准备好了吗？我会跟这些工程师核实。（103）
>
> 我们能聊 10 分钟吗？我们再聊几小时？我们是否有所需的更换部件，

因为它是第一次出现故障？堪培拉有这种部件可用吗？如果没有，我们最快要花多久能够把部件送到堪培拉？有其他从悉尼飞往堪培拉的航班吗？也许我们能从悉尼搞到一个部件。我们不必非得从墨尔本获得该部件。（202）

从参与者的评论中可以看出，他们很快理解了情况的复杂性。这可以从请求的关于客座率（参与者的 89%）和机组（79%）的额外信息中明显看出。例如：

我最初的问题是，从悉尼到堪培拉，我们有多大的运力以让乘客回到堪培拉？（206）

我们还有什么其他可尝试的资源来让这些乘客离开？我们还有哪些从墨尔本到堪培拉航班可以提供座位？（301）

这些机组人员实际上是先到堪培拉然后在第二天再返回吗？（304）

在场景二中，参与者发出了 116 条信息请求。从数据中观察到了一些值得注意的结果。大多数参与者要求提供有关维修方面的信息，考虑到该场景的重点，这是可以预计的。然而，诸如客座率和机组等重点强调的方面支持了场景一的结果，这表明参与者需要获得一系列相关信息，以提高他们对特定情景的认识。

决策注意事项

参与者在场景二中提出了 179 条有关决策注意事项的评论。评论分为初级（43%）、核心（30%）和高级（27%）三个类别。

初级决策注意事项

初级决策事项的评论表明，大多数参与者都考虑了基本因素，例如飞机、机组、客座率和转机。大多数参与者（89%）侧重于确定可用的飞机以便更换出现机械问题的飞机。例如：

我想我的第一个想法是没问题的，让航班 876 返航。我们今天会取消

876航班。那么我的下一架可用飞机是什么？我已经直接转到可用的NBV（飞机注册号）。但是它正准备于1910飞往阿德莱德，这意味着我没有另一架飞机。（210）

另外，大多数参与者（89%）考虑与机组有关的限制。例如：

我只是在想，无论我们做什么，从墨尔本飞往霍巴特的879航班都会迟到。两个机组成员的执勤时间是否足够，以便我们能够延迟墨尔本到霍巴特879航班？（210）

由于墨尔本至堪培拉航线运行的飞机发生故障，大多数参与者（74%）就该航线上的客座率发表评论并不令人惊讶。一些评论提出了乘客出行的备选方案。例如：

我想如果我们把飞机送到堪培拉，那么我们在堪培拉的问题将是879航班，它上面有130名乘客。快速浏览一下显示屏，来看看我们是否在一个小时后又有航班飞行，其中889航班是只有一半乘客，这意味着在889航班上已经有了70名乘客，所以我们还剩下60个座位。我们还有其他堪培拉到墨尔本的航班吗？（208）

从强调飞机机型、机组人员、客座率和转机中可以明显看出，参与者认为这些方面在决策过程中至关重要。

核心决策注意事项

所有参与者都考虑到与维修有关的决策注意事项。这些评论特别涉及飞机问题的性质和可用的维修支持水平。例如：

我们对维修监督人员有信心，并让机组人员与维修监督人员沟通。现在我会问他们……因为他们知道缺陷：“你的预后是什么？”很明显，如果它要去堪培拉，并且机长估计在那里飞机将处于AOG，那么我们在那里有部件吗……有工程师能够维修飞机吗？（301）

我也会与墨尔本机场沟通，询问……它容易修复吗？我们能聊10分钟吗，还是几小时，那有我们现在需要的更换部件吗，因为它是第一次出现问题。堪培拉有没有可用的零件？如果没有，我们多久可以把零件送到那里？（202）

干扰的另一个复杂因素是从堪培拉经墨尔本前往阿德莱德的 40 名转机乘客。为了解决这个问题，参与者研究了可以让乘客转机的替代方法。例如：

所以我会查看同一时期从堪培拉到悉尼的航班还有多少座位？于 1920 从堪培拉到悉尼的航班，会有 50 个座位。那么后续有从悉尼到阿德莱德的航班吗？（206）

核心决策注意事项的评论表明，参与者考虑到的问题超出了直接查明飞机承运和乘客转机等问题。例如，确定备件和工程人员的可用性表明了参与者正在考虑解决情况的方法。评论还强调了参与者在问题的限制下工作的方式，例如将乘客转移到其他定期航班上，以便他们能够到达目的地。

高级决策注意事项

在高级水平上，参与者寻求避免而不是减少情况后果的方法。许多参与者（68%）表示他们考虑了机场宵禁时间和塔台开放时间等限制，但寻求避免这些限制的方法。这种方法在核心层面的评论中并不明显。参与者似乎也研究了创造性方法来管理场景中的干扰。例如，一些参与者考虑更换飞机类型，这导致重新平衡飞机类型并安排不同的机组人员的复杂商讨。相比之下，初级阶段的反应与较不复杂的解决方案有关，例如仅在一种类型内改变飞机机型。此外，参与者还寻找更多创新的方式来运行航班。例如：

我正在查看客座率来看看是否有我们可能会取消的客座率较低的航班，那么我们可以合并航班。（209）

我们能否创造出这样一种情况，我们甚至可以更换一架宽体飞机，以腾出一架飞机，使我们能够前往墨尔本，然后从朗塞斯顿飞往霍巴特，并可能以相同的方式返回。（204）

在情景期间向参与者提供的信息告诉他们解决机械问题的估计时间为 4 小

时。一些参与者（32%）质疑这些信息的准确性。他们提到以前的经验，维修估计有相当大的波动。例如：

> 工程师告诉我解决机械问题可能要4个小时，但也可能是半个小时。那些家伙可能到那之后说，可能需要半个小时才能修好。（105）
>
> 我说的是，如果只是一个仪表指示问题，那么当他们更换仪器时可能只是松散的线路问题。这个人进来后发现插头松动，只是将插头插上，然后飞机就飞了。如果是这样的话，我们可能会看到航班回到墨尔本，上面有150个人，无论如何也没有任何理由。（207）
>
> 根据我的经验，维修时间也可能有其他波动方式，1个小时的维修时间变成了4个小时。（101）

尽管与场景一相比，情景复杂性增加，但评论表明参与者集中于诸如飞机承运、客座率和转机以及机组人员等基本方面。然而，核心和高级水平的评论表明，参与者强调的是维修、客服维修问题的方式以及管理限制等特定方面。

专业知识

在场景二中，一些新手似乎很难评估情况，并评论说他们会寻求别人的帮助来处理这种情况。例如：

> 我们有一段时间可以利用，不太多，一个小时左右的样子。我们可以仔细检查并作出评估我们可以做什么，看看我们获得了什么，有谁能和我们一起进行头脑风暴。我们也可以从一线人员那里得到建议，看看我们能做些什么。但在这个阶段，是要快速修复。（105）

其他新手似乎对情况进行了评估，但很难确定解决问题的方法。例如：

> 我正在寻找另一班从墨尔本出发前往悉尼的航班，希望将这条航线从悉尼连接到堪培拉……但我不知道是否有这样一个航班。那么，我已经摆脱了70名乘客不是吗？所以，我必须摆脱另外60人。如果我能把他们送到悉尼，我可能会把他们放在849号航班上。航班可能已经离开了，也许

晚上我们会给这 60 名乘客安排住宿。(104)

相反，专家似乎很快评估了这种情况。他们确定了这种情况的一些后果，并开始制订应急计划。很明显，专家能够比新手更好地理解情况的复杂性。他们的评论常常被拖延，表明他们有能力确定可能影响决策过程的众多考虑事项。此外，专家还可以解释哪些策略可能无法解决问题。例如：

我从悉尼到阿德莱德的航班没有任何帮助。我会探讨通过经由悉尼的 888 号航班将乘客送到阿德莱德的可能性，因为该航班很可能有足够的座位。这似乎并不奏效。我会考虑使用可用的飞机 NBN（飞机注册号）执飞 840 航班，该飞机刚刚执行完 2010 从阿德莱德出发的 839 号航班。这将使 840 航班延误一个半小时，从而使机组人员拥有足够的飞行时间。(210)

作为决策过程的一部分，专家似乎很容易识别可能阻碍计划实施的约束条件，以及减少这些约束条件的方法。例如：

现在该飞机应该在悉尼进行 APU 维修。考虑到问题的严重性，我会与维修部门就该 APU 上的另一个插槽进行协商。(210)

鉴于情景的复杂性增加，从评论中可以明显看出，新手难以处理维修问题。相比之下，专家们能够考虑到可用于决策的短暂时间，并能够迅速回应问题。根据新手和专家的行业和 OCC 领域专业知识水平，表 8.10 列出了其决策注意事项评论的数量和平均值。

表 8.10　不同行业和 OCC 领域专业知识水平下的新手和专家的决策注意事项评论的数量和平均值（*N*=19）

决策注意事项	行业和 OCC 新手		行业的专家和 OCC 的新手		行业和 OCC 的专家	
	n=6		*n*=7		*n*=6	
	f	*M*（*SE*）[a]	*f*	*M*（*SE*）	*f*	*M*（*SE*）
初级	23	3.8（.79）	29	4.1（.67）	25	4.2（.70）

续 表

决策注意事项	行业和 OCC 新手		行业的专家和 OCC 的新手		行业和 OCC 的专家	
	n=6		*n*=7		*n*=6	
核心	21	3.5（.43）	18	2.6（.43）	13	2.2（.48）
高级	17	2.8（.75）	20	2.9（.26）	12	2.0（.52）

[a] *M*= 一个类别中每个参与者的评论平均值

SE= 估计平均值的标准误差

表 8.10 中的数据模式表明与场景一中的发现不同。在场景一中，参与者似乎专注于核心层面的决策注意事项。但是，在场景二中，所有参与者似乎都着眼于初级决策注意事项。这表明，随着场景二复杂性的增加，专家可能需要确定基本方面，例如选择可用的飞机、乘客转机和机组人员。

决策风格

理性决策风格

在场景二中，少数参与者（11%）似乎使用低理性 DMS。他们的评论表明了使用逐步方法的证据不足。例如：

在 1850，我们有很多乘客要乘机，数量是巨大的。我们可以在这里分散一些乘客到 889 航班。（104）

如果我们决定取消那次航班，我会考虑在墨尔本和悉尼之间获得一些座位，因为我们已经有 849 航班从悉尼飞往堪培拉。（304）

相反，89%的参与者似乎使用高理性 DMS。评论表明，这些参与者在评估飞机的可用性、维修、机组和管理方面时，用高度系统的方式考虑了决策注意事项。例如：

我们有一个重大的干扰，我们已经组织了工程师并获得了墨尔本机场给出的可行的起飞时间。这里没有紧急情况。这已经由机组证实了。进近和着陆将是正常的，我们必须在地面照顾 876 航班上的 150 名乘客，其中 130 名乘客是从堪培拉到墨尔本。（101）

根据行业和 OCC 领域专业知识的水平，表 8.11 列出了参与者使用理性 DMS 和专业知识之间的关系。

表 8.11 不同行业和 OCC 领域专业知识水平下的参与者使用理性决策风格的分类（*N*=19）

理性 DMS	行业和 OCC 新手[a]		行业的专家和 OCC 的新手		行业和 OCC 的专家	
	n=6		*n*=7		*n*=6	
	n	%	*n*	%	*n*	%
低	1	17	1	14	-	-
高	5	83	6	86	6	100

[a] 没有参与者是行业的新手而同时是 OCC 的专家

表 8.11 中的结果支持场景一中的发现，尽管场景二中的干扰更复杂。不管他们的专业知识水平如何，显然参与者在复杂情况下的决策过程中使用高理性 DMS。国际业务模式中的类似结果可以由更长的国际业务决策时间框架来解释。但是，国内业务决策的时间大大缩短。因此，可以预期参与者没有时间使用高理性 DMS。一般认为，决策制定者没有足够的时间在复杂的环境中比较决策备选方案。但是，这项研究的结果与这些研究结果形成对比。看起来，在一些复杂、动态的决策环境中，如 OCC，参与者可能会使用理性决策风格。

直觉决策风格

一些参与者（21%）在场景二中似乎使用低直觉 DMS，因为几乎没有证据表明他们在任何程度上都使用了他们的直觉。例如：

> 我现在想看看如何将人们从堪培拉和墨尔本转移出来。我会返回那架飞机，并请他们尽快整理飞机，然后继续飞行。（314）

相比之下，大多数参与者（79%）似乎使用高直觉 DMS。很明显，这些参与者同时考虑了许多备选方案，并依靠他们的直觉来确定哪种决策注意事项可能比其他更好。评论表明参与者如何考虑航空公司其他部门的考虑。例如：

堪培拉不会很欢迎这个，因为我正在分解承载量。他们可能会希望我运行879号航班，再返回889号航班，并延迟889号航班到2030。我认为在这个阶段我会采用我原来的方式，因为对我来说有几个选择，选择哪个具体取决于航站想做什么。(208)

评论还表明参与者可以使用直觉来评估决策备选方案的方式。例如：

有什么方法可以让它到悉尼？我们只有一班航班，但它已经有很多乘客。它可以在悉尼修好吗？悉尼有部件吗？我只是想看看它是否值得我们冒险。有时候是直觉，有时候取决于机长是谁。(304)

表 8.12 不同行业和OCC领域专业知识水平下参与者使用直觉决策风格的分类（*N*=19）

直觉 DMS	行业和 OCC 新手[a]		行业的专家和 OCC 的新手		行业和 OCC 的专家	
	n=6		*n*=7		*n*=6	
	n	%	*n*	%	*n*	%
低	1	17	1	14	2	33
高	5	83	6	86	4	67

[a] 没有参与者是行业的新手而同时是OCC的专家

根据行业和OCC领域的专业知识水平，表8.12显示了参与者使用直觉DMS和专业知识之间的关系。

先前的研究考察了直觉在复杂情景中的运用，其结果是直觉在高度不确定和模糊的情况下显得最为成功，这种情况中往往处理有价值信息的时间是有限的（例如Sadler-Smith和Shefy，2004a）。研究广泛关注专家和他们对直觉的运用。然而，表8.12中的数据表明，对OCC中的新手和专家来说使用直觉可能对决策非常重要，尤其是在帮助解决复杂的干扰问题上。

决策备选方案的产生

随着参与者产生决策备选方案，显而易见的是，专家设计出比新手更复杂的策略来恢复干扰。例如，他们表示他们策略的一部分不是延误几个航班，而是继续协商使用不能使用的飞机，尽管有人表示这架飞机在晚上的剩余时间不太可能被再次使用。这些策略使专家对于决策备选方案能够有更广泛的考虑。

相反，新手似乎寻求直接的解决方案。例如，他们评论说他们会重新安排使用第一架可用的飞机来执飞受干扰的航班，或者他们将让航班受干扰的乘客搭载下一个航班。这表明，新手考虑能够是他们解决当前情况的决策备选方案，但这也限制了方案的解决范围。

场景三

在场景三开始时向参与者提供了以下初步情况介绍：

> 时间是 0600。直到 0930 之前，飞往墨尔本的航班需要安排备降场①。天气预报说可能有雾，虽然至今没有任何雾的迹象。由于雾，直到 1130，飞往堪培拉的航班需要安排备降场。现在已经看到了一些雾斑。

更多信息在不久之后提供：

> 现在时间是 0645。训练机 NBN 的机长说，阿瓦隆（AVL）（墨尔本附近）的天气不好。因为浓雾机场几乎关闭了。机长想等一会儿，看看阿瓦隆的天气是否好转。他说目前墨尔本还没有雾，但之后雾很有可能产生。

建议之后立即提出了以下请求：

① 意思是如果由于天气原因不能落地墨尔本时，运行到墨尔本的航班必须携带足够的燃油，以便可以备降到合适的机场。

> 南太平洋航空公司在悉尼（SYD）运行的国际航班已经大面积延误了。他们现在希望停飞在 SYD 的航班，而不是运行 SYD-MEL-SYD 的航班。他们应该在 1405 到达 SYD。他们正在向我们请求一架包机，在两个港口的国际航站楼之间运行他们的 SYD-MEL-SYD 航班。他们希望同一架飞机执飞这两个航班，并按以下计划运行：245 名乘客于 1530 从 SYD 出发前往 MEL，205 名乘客于 1330 离开 MEL 前往 SYD。这两个航班需要我们在 0730 之前回应。

场景三是国内场景中最复杂的，并模拟了两个同时发生的事件：两个机场的天气情况（雾）以及安排一架飞机运行两个包机航班。图 8.3 提供了这种情况的图形描述。

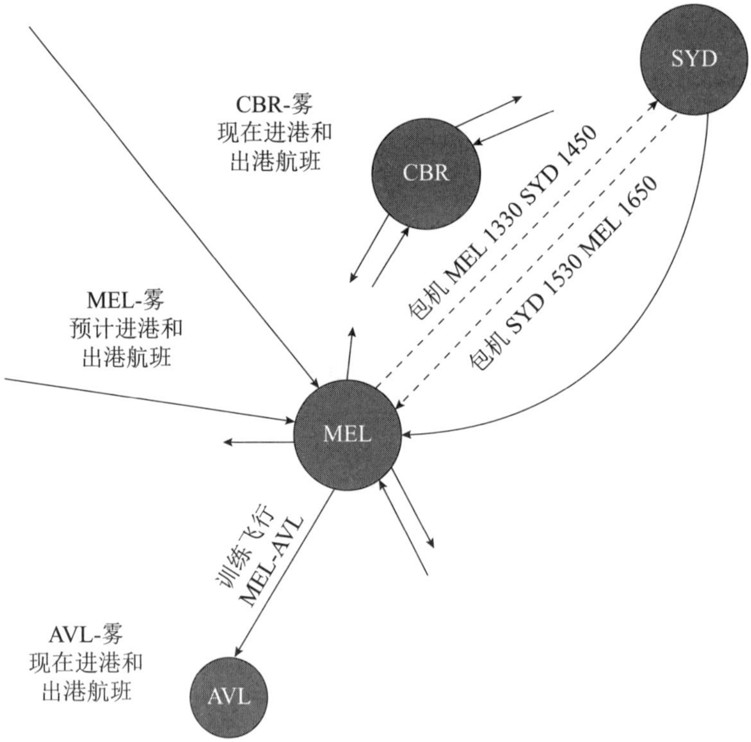

图 8.3 国内模拟场景三的图示。国内使用情况见附录 C（未按比例绘制）

与国际模拟中的场景三类似，由于场景的高度复杂性以及参与者可采取的多种行动，专家组未能为此场景提供最佳解决方案。相反，专家组确定了参与者在决策过程中应考虑的若干因素，例如推迟包机请求直到有足够的时间充分考虑，给特定航班加充足油量，以及在天气不好的机场延误起飞。在场景三中，将参与者的评论归类为决策注意事项类别的评估者之间的可靠性为 0.71，用于识别每个类别中的评论的评估人员间的可靠性是 0.83。

改进的情景意识

除了要求提供关于堪培拉和墨尔本机场大雾情况的具体细节以提高其情景意识外，参与者还要求提供有关拟议包机的信息。

信息完整性

由于场景主要涉及天气情况，许多进一步信息请求均与天气情况有关。一些对信息的请求似乎基于参与者以前处理天气情况的经验。例如：

> 我可能会电话询问堪培拉的天气情况，如果是 0600，那可能太早了，因为太阳还没有升起。接下来的问题就是要问机组人员，在堪培拉到悉尼的航班上（0645 出发），在起飞后如果他们能向后看下 ，并告诉我们雾的程度。（206）

其他评论涉及确定是否需要进行训练飞行。参与者认为如果天气继续恶化，这是一个潜在的需要被取消的航班。例如：

> 训练必须完成吗？它可以被推迟吗？（202）
>
> 我只是与机长核实，所以我会说：“看，伙计，在你从训练飞行回来后，858 号航班明显已经计划起飞了，你认为你能够在离开墨尔本之后完成训练飞行吗？”（105）

一些参与者似乎对理解包机的要求有些困难，并要求澄清。例如：

> 刚开始没有能实施包机运行的飞机。同时，我们已经有了悉尼到墨尔本的航班。悉尼到墨尔本还是墨尔本到悉尼？什么时候起飞？它是在 1530 回到墨尔本吗？（103）

我们的包机也不得不从墨尔本起飞吗？我们不能从其他地方进来吗？（104）

在场景三中，有 202 条参与者信息请求。参与者要求提供大量关于机组（95%参与者）、客座率（95%参与者）和天气（89%参与者）的信息。

决策注意事项

参与者在场景三中提出了 206 条有关决策注意事项的评论。评论分为初级（30%）、核心（40%）和高级（30%）三类。

初级决策注意事项

初级决策注意事项的评论表明，参与者似乎确定了与天气情况有关的基本考虑因素，例如飞机机型、转机和机组人员。许多机组相关的考虑与取消训练飞行的后果有关。例如：

我会考虑两件事中的任何一件。要么我会考虑在这段时间内保留训练飞行并缩短训练时间。机组可能能够完成一半在墨尔本和阿瓦隆之间的训练飞行。如果阿瓦隆机场清空，训练仍然可以在阿瓦隆完成。或者，我会考虑将它发送到另一个机场，并希望墨尔本机场在 1015 左右清空。（103）

我会和机组谈谈，并建议训练飞行可能会被取消，或者可能不会让每一名飞行学员都完成训练。我会问机组排班人员这对训练会有什么影响。（312）

包机要求参与者提供特定类型的飞机来执飞。初级评论表明，参与者最初似乎会选择容易确定的决策备选方案，例如现有的宽体飞机。如果没有飞机可用，一些参与者（32%）考虑采用其他方法来载运乘客，例如将他们安置在现有的航班上，从而否定包机方案。考虑到要优先解决雾的问题，其他参与者（11%）停止寻找决策备选方案。例如：

那个时候天气看起来不太好。我正在寻找这些航班的时间间隔，我能做的就是安置乘客。如果这是我们机队的限制，我认为我不能给他们提供包机服务。我们在显示器上的任何地方都看不到维修信息。我正在看的另一种方式是，我们是否可以让这 90 名乘客离开并分散到其他航班上 。（204）

要制定包机的时刻表非常困难，特别是墨尔本有未知的大雾，但如果他们稍后想提供包机服务，只需再给我几个小时。（202）

尽管许多参与者（58%）考虑到基本考虑因素，例如机组人员和转机，但其他人（16%）表示，除非由于天气情况导致航班受干扰，否则他们不会考虑其他行动方案。

核心决策注意事项

场景中的天气问题出现在墨尔本和堪培拉。因此，不奇怪大多数参与者（79%）都很容易地确定任何要飞往墨尔本和堪培拉的航班。他们还要求提供当墨尔本或堪培拉机场无法使用时有关备降机场的更多信息。确定具体的决策注意事项使这些参与者能够更好地应对可能出现的干扰。参与者还考虑采取预防措施，例如给飞往墨尔本和堪培拉的航班上装载额外燃油。例如：

我会查看哪些飞机正在飞往墨尔本和堪培拉，以及如果有雾，对接下来的航段可能会有什么影响。（104）

我可能会给飞行计划人员打电话，并确保所有飞机在此阶段都加到最大燃油量。我不会这么早就分流乘客，我会在飞机上携带额外的燃油或类似的东西。（208）

关于包机的请求，初级的评论表明参与者锁定了处理请求的直接方式。相反，核心层面的回应表明参与者试图协商包机事宜。例如：

即使我能在我们的时刻表中钻出一个洞，我们也可以在不同的时间接近他们。嗯，我认为这将是我们正在思考的方式……你想要什么时候？他们告诉我们他们什么时候需要它，我们告诉他们我们现在可以做到。这对你来说合适吗，还是根本不合适？（206）

许多参与者表示，为了满足包机的请求，他们不会扰乱航空公司的订票乘客。例如：

> 我只是在查找我们的飞机在这个特殊时期正在做什么。我们可能不会考虑取消一个航班，以便我们能够执行包机。在不影响我们其他航班的情况下，我们没有任何一架可用的航班来执行1330从墨尔本起飞的包机。（209）
>
> 对于其他人来说，包机是一回事，但是对我们来说，我们总是把时刻表放在首位，所以，如果它看起来会对我们现有的时刻表造成重大的破坏，那对于我们能够做到这一点总是一个相当大的障碍。（215）

很明显，参与者的评论表明所考虑的决策注意事项侧重于在问题限制内解决问题。这可能有助于解释参与者在不影响已预订航班的乘客的情况下，不愿考虑更具创造性的解决方案。这种关注在以前的情景中很明显，并且表明只考虑初级或核心决策注意事项的参与者可能无法确定克服问题限制的解决方案。因此，决策结果可能不是最佳的。

高级决策注意事项

高级水平的评论表明，参与者寻找创新的方式来尽量减少天气情况所带来的影响。例如，一些参与者（53%）表示他们将阻止训练飞行，或者取消某个航班，以使飞机在出现天气干扰时处于可用状态。这与初级决策注意事项的评论形成对比，因为初级评论涉及由于天气条件而无法运行的航班。参与者考虑停止航班离港，合并航班以提供备用飞机，并保护航班时间间隔用于克服进一步干扰。例如：

> 我马上看到明显的选择是墨尔本到阿德莱德的830次航班。这里还有一架宽体飞机WBA从墨尔本前往阿德莱德，共有45架飞机，175名乘客意味着飞机可以满载。这一架830航班不一定要去。这会在短时间内创建一架备用飞机。（102）
>
> 我会看看这雾是如何形成的。我会遇到各种各样的麻烦，为了保持我自己的时间表，我需要在飞行计划中保留所有航班时间间隔。（202）

许多参与者（42%）关心核实有关天气情况的信息的可靠性。例如：

这让我想知道天气信息来自哪里。它是来自飞行计划部门，还是来自堪培拉的地面人员？（206）

不，如果他说阿瓦隆机场不好，这绝对没有意义去那里。我会问："你对天气预报的看法是什么？它会一直不好吗？实际上训练真的会失败吗？"（210）

针对包机的要求，大多数参与者（89%）考虑更换飞机机型。这种方法比仅使用一种飞机机型的可能解决方案更复杂。其他参与者意识到，由于包机，会导致进一步的运行困难。例如：

这是一项国际服务，他们不会处理墨尔本国内航站楼到悉尼ITB（国际航站楼）的航班。通常我们不同意这种做法，因为机场无法处理从另一个航站楼出发的航班，原因包括海关问题，移民问题，乘客从非消毒区域进入消毒区域，并且会有交叉的乘客。（207）

高级水平的评论表明，一些参与者似乎可以预见事件并通过深入考虑后果来解决场景日益复杂的问题。在这样做的过程中，他们通过识别出可用的航班时间间隔来寻找机会创造有创意的解决方案，这可以帮助他们解决干扰问题，保护特定的航班和核实以确保他们依赖的信息是可信的。这些举措表明了高度创造力，这在核心层面的评论中并不明显。

专业知识

在场景三中，有些新手似乎在情景迅速变化时遇到了应对复杂情况的困难。例如：

一旦飞机在地面上，我就有其他问题。只是，如果飞机在地面上，那么我需要知道航班的确切位置。（104）

其他评论展示了一些新手处理这些复杂问题的方法。例如：

优先……这就是我所做的。已经起飞的航班是重中之重。那些在地面

上的飞机还是未知的。包机就是在这种情况下产生的。(101)

相比之下，专家似乎能比新手更好地理解情景。他们利用所提供的信息并迅速评估了这种情况的后果。此外，他们表示将立即采取一系列行动。例如：

这意味着每架飞往墨尔本的飞机都将需要一个备降场。我会查看飞往墨尔本的所有航班，并且我会询问他们的燃油情况。(314)

一般来说，在这种情况下，到达将成为问题。因此，我会查看所有在0930之前到达的航班并提出问题：如果飞机无法到达墨尔本，我们希望飞机飞向哪里？(312)

与那些迅速拒绝包机要求的新手相比，专家似乎通过调查机组的可用性和改变飞机机型的可行性来更广泛地考虑这一要求。虽然没有满足参与者的要求，但一些专家会视情况继续寻找机会来提供包机服务。例如：

包机要求不可能总被实现。我们最先想到的可以为他们提供的东西有哪些，我正在想，是从悉尼到墨尔本再到悉尼的包机航班。我在查看提供一架宽体喷气机的可能性，并试图将窄体机的乘客分流到宽体机上，从而使我们能够在悉尼获得一架包机。(314)

这些评论提供了新手和专家管理情况方式差异的进一步证据。根据新手和专家的行业以及OCC领域的专业知识水平，表8.13列出了其决策注意事项的数量和平均值。

表8.13 不同行业和OCC领域的专业知识水平下的新手和专家决策注意事项评论的数量和平均值（N=19）

决策注意事项	行业和OCC新手		行业的专家和OCC的新手		行业和OCC的专家	
	n=6		n=7		n=6	
	f	M（SE）[a]	f	M（SE）	f	M（SE）
初级	13	2.2（.31）	25	3.6（.72）	23	3.8（.95）

续　表

决策注意事项	行业和 OCC 新手		行业的专家和 OCC 的新手		行业和 OCC 的专家	
	n=6		*n*=7		*n*=6	
核心	23	3.8（.87）	33	4.7（.75）	28	4.7（.71）
高级	17	2.8（.54）	24	3.4（.43）	20	3.3（.61）

[a] *M*= 一个类别中每个参与者的评论平均值

SE= 估计平均值的标准误差

表 8.13 中的数据表明，不管其专业知识水平如何，参与者都着眼于核心决策注意事项。相比之下，前一场景中的参与者似乎注重初级决策注意事项。这表明，在高度复杂的情况下，参与者可能认为核心决策注意事项对决策至关重要，而不是初级决策注意事项。结果还与国际模拟中场景三的结果形成了对比，在这个模拟中，参与者似乎更专注于高级决策注意事项。对这种变化的解释可能是由于时间限制，国内模拟的参与者可能没有足够的时间来考虑高级决策注意事项。

决策风格

理性决策风格

在场景三中，95%的参与者的评论被归类为高理性 DMS。评论表明，这些参与者在考虑这两个事件时是采用了高系统性的方法。例如：

首先我要查看在 0930 之前，飞机在清晨进出堪培拉和墨尔本的情况。有训练飞行，那不是个问题。821 航班从堪培拉出发于 0800 抵达墨尔本。870 航班从朗塞斯顿出发于 0800 抵达墨尔本。831 航班从阿德莱德出发抵达墨尔本。（207）

对，1330 从墨尔本出发。我现在正在做的只是查看墨尔本机场是否有可用的飞机执飞包机。首先，我并不反对我们不会运营墨尔本国内航站楼到悉尼国际航站楼的航班，因为这样有海关问题，有移民问题。（207）

根据行业和 OCC 领域专业知识水平，表 8.14 显示了参与者使用理性 DMS 和专业知识之间的关系。

表 8.14 不同行业和 OCC 领域的专业知识水平下参与者使用理性决策风格的分类（*N*=19）

理性 DMS	行业和 OCC 新手[a]		行业的专家和 OCC 的新手		行业和 OCC 的专家	
	n=6		*n*=7		*n*=6	
	n	%	*n*	%	*n*	%
低	1	17	-	-	-	-
高	5	83	7	100	6	100

[a] 没有参与者是行业的新手而同时是 OCC 的专家

表 8.14 中的数据表明，尽管参与决策的时间有限，参与者似乎倾向于使用高理性 DMS。这些发现与前两种场景中使用理性决策风格的结果是一致的。从这些研究结果中得出的结论是，尽管以前的文献表明在这些环境中理性决策不合适，但新手和专家似乎在复杂、动态的环境中使用了高理性决策风格，如 OCC。

直觉决策风格

几乎所有参与者（95%）都提出了被归类为高直觉 DMS 的评论。从评论中可以明显看出，这些参与者似乎知道怎样才能最好地管理复杂的天气干扰。例如：

好吧，所以我们让他有可能转向霍巴特，这样会好一点。我们取消了 804 航班。我们要么把该航班乘客改签到 1200 起飞的 808 航班，要么我们回到墨尔本把这架飞机换成 1030 出发，同时带走需要转机到霍巴特的乘客，这样飞机应该还能让我们及时回到那里，执飞 1600 出发的 811 航班。（215）

没有规则。这是你在大脑中想的东西——我是否能掌控这架飞机？这架飞机是已经起飞了还是正要起飞，所以我让它留在这里直到天气好转？我可能会说这架飞机现在起飞没有意义。我会考虑让所有的飞机至

少停留半个小时，看看接下来天气如何变化，因为现在墨尔本已经起雾了。（207）

根据行业和 OCC 的专业知识水平，表 8.15 列出了参与者使用直觉 DMS 和专业知识之间的关系。

表 8.15　不同行业和 OCC 领域专业知识水平下的参与者使用直觉决策风格的分类（N=19）

直觉 DMS	行业和 OCC 新手[a]		行业的专家和 OCC 的新手		行业和 OCC 的专家	
	n=6		n=7		n=6	
	n	%	n	%	n	%
低	1	17	-	-	-	-
高	5	83	7	100	6	100

[a] 没有参与者是行业的新手而同时是 OCC 的专家

表 8.15 中的数据支持了国内模拟中场景二使用直觉决策风格的结果。从研究结果中得出的结论是，新手和专家都可能使用高直觉决策风格来管理高度复杂情况下的干扰。

决策备选方案的产生

很显然在这个场景中，所有参与者都遇到了管理天气复杂性和包机飞行的困难。就天气情况而言，专家们积极主动，制定策略以尽量减少或避免干扰，例如要求在航班上增加燃油，使他们能够在有雾的机场绕飞相当长的时间，而不必备降到另一个机场。相比之下，新手似乎发现了具体的问题，例如可能会被打乱的飞机机型，但在进一步考虑行动方案之前比专家更容易等待干扰发生。新手似乎准备好快速作出决定，例如取消有限信息的训练航班。

虽然没有参与者能够满足提供包机的要求，但专家们继续研究如何实现这一目标，尽管处理同时发生的问题非常复杂。相比之下，新手容易忽略包机，而专注于天气情况。研究结果与以前的场景一致，强调了专家在复杂情况下处理干扰的更先进的决策过程。

国内场景中趋势总结

从三种场景中的决策考察中，出现了一些模式。首先，在复杂的情况下，参与者寻求有关场景的特定信息，这与国际模拟中参与者的回应类似。然而，显然国内模拟的参与者寻求更广泛的信息使他们能够提高他们的情景意识水平。其次，随着国内模拟中三种场景的复杂性增加，显然参与者似乎考虑了更多的核心和高级决策注意事项。这表明，对于复杂度较高的情况而言，创建减少或避免后果而不是在约束范围内解决问题对于参与者而言可能更为重要。这种模式对新手和专家都很明显，并且表明参与者的专业知识可能不足以解释为什么 OCC 中的一些运行控制人员关注干扰的基本方面，而另一些则侧重于高级方面。在复杂情况下，新手难以评估情况并解决问题，特别是在情景发生变化的情况下。在最复杂的场景中，新手和专家都将重点放在核心层面的决策注意事项上。这与国际模拟的结果不一致，并表明国内运行环境中的决策时间限制可能会限制 OCC 运行控制人员识别高级决策注意事项的能力，例如解决运行问题的创造性方法。在国内模拟中，尽管场景复杂，新手和专家明显使用了高理性决策风格。这一结果令人惊讶，与以前的观点相反，即理性的决策风格在复杂情况和不断变化的情况下适用性有限。

本章小结

本章介绍了在国内模拟中 19 个参与者决策过程的发现和分析。本章旨在再现上一章的结构，以便在国际和国内模拟之间对数据进行比较。

国内模拟的参与者比国际模拟的参与者寻求更高级别的干扰准备。这表现在他们专注于查明可能被利用来帮助解决问题的时刻表中潜在干扰源和弱点。关于获得情景意识，参与者主要关注初级和核心层面的信息表明，他们认为这些信息是国内 OCC 决策的基础。在国内的 OCC 中，参与者的行业经验似乎比 OCC 的经验更有利于提高情景意识。

第九章　结论以及对 OCC 的影响

导　言

本章将主题和成果汇总在一起，并为这一领域的进一步工作提供一些指导。本章包括对研究结果的总结，达成的结论以及该研究对理论和实践的贡献的讨论。最后，本章介绍了本研究需要考虑的局限性，以确定未来研究的领域。

研究总结

该研究将航空公司运行控制人员定义为决策者，他们负责监控飞行运行、识别潜在和实际的运行干扰，并产生备选行动方案。如前所述，国际和国内 OCC 决策环境的差异非常明显。国际运行环境通常涉及少量的航班，可能在白天或晚上发生的长飞行阶段，以及航班之间较长的地面时间。因此，决策时间很充裕。

相比之下，国内运行环境通常更复杂，因为其特点是航班量大、短航段、航班的时间间隔短、夜晚维修要求以及复杂的机组排班。由于这些差异，国内运行环境中的决策一般比国际运行环境中的决策要紧张得多，这要求运行控制人员经常在有限的时间内作出大量决定。该研究根据这些环境将决策制定的差异概念化。

航空公司 OCC 中的运行控制人员很少有时间在航空公司发生干扰时解释他们的决策原因。这意味着，在现实生活中，要考察解决干扰的决策过程是相当困难的；诚然，捕获运行控制人员的思维过程是研究的核心。这种困难是通过设计模拟真实的运行干扰来解决的。模拟提供了一种调查和比较国际与国内

OCC 运行环境参与者决策过程的方法。因此，该方法尽可能地模仿自然主义的决策环境。

研究收集了定性和定量数据。定性方法的使用有助于收集丰富而深入的数据，从而提供了获得个人观点的机会。这种方法对研究至关重要，因为它使研究人员能够确定参与者获得情景意识的方式，并确认解决干扰的决策注意事项。收集个人和专业人口学统计数据，以便比较不同组之间的数量，并计算不同类别在各个类别中的频率。然而，研究的主要方法涉及定性数据的分析。

在模拟过程中，他们使用有声思维报告来了解参与者在管理干扰时的思维过程。这种方法特别适合于本研究，因为 OCC 中的运行控制人员在实际干扰发生时没有时间来解释他们查询或请求信息，或采取某些行动原因。所以鼓励模拟的参与者使用这种方法表达他们的想法。通过这种方式，本研究提供了了解深层思维过程，推理以及 OCC 运行控制人员在现实生活中可能的行为方法。该研究采用了多种案例研究方法，这种方法可以收集更多信息，加深对 OCC 决策过程的理解，并增加研究的通用性。

结 论

情景意识与信息完整性

研究对情景意识和信息完整性之间的关系在熟悉阶段和整个模拟期间都进行了考察。在熟悉阶段，参与者的评论表明，他们通过观察和识别飞行显示的几个方面获得了一定的情景意识。但是，似乎获得的情景意识水平可能不足以让运行控制人员准备好处理干扰。因此，参与者要求提供进一步的信息。评论分析提供了了解参与者为获得情景意识而获取飞行显示中特定元素的方式，从他们的问题和评论中可以看出，某些元素比其他元素更为突出。在先前的研究中似乎没有根据复杂程度对元素进行分类，也没有明确提到前面第四章讨论过的 Endsley（1995a）模型中的第一水平的感知要素之间的差异。在本研究中，认识到感知因素之间的差异导致了参与者评论的分类，根据三类情景意识进行评论分级：初级、核心和高级。

国际和国内模拟中的参与者都很快关注飞行显示屏上的重要相关信息。在国际模拟中，这些信息主要涉及情景意识的核心和高级水平子类别。这意味着这些参与者将重点放在可能帮助他们发现潜在问题和可能的解决方案的信息上。对于这些参与者来说，初级水平的信息似乎只是提供肤浅的情景意识。相比之下，国内模拟的参与者则广泛关注初级类别信息，仅提供基本的情景意识水平。国内模拟的参与者还需要比国际模拟的参与者在情景意识的每个子类别内获得更多的信息。因此，相比国际 OCC，信息的积累在获得初始情景意识方面对于国内 OCC 来说可能更重要。

在模拟过程中，参与者的问题和评论表明他们通过收集特定内容的信息来提高初始情景意识。在国际模拟中，参与者强调了积累当前来源可靠的准确信息的必要性。因此，他们经常反复核实所提供的信息。在国内模拟期间，参与者的评论和行动表明决策时间非常有限。这表现在他们依赖所提供的信息作为快速评估情况的基础，而不是质疑信息的来源或可靠性。在复杂的干扰中，参与者似乎难以应付大量的信息，这导致了干扰期间部分情景意识的丧失。因此，在复杂情况下，OCC 运行控制人员很可能会因收到的大量信息而变得不堪重负，可能没有时间来质疑其来源或可靠性。这可能会对他们的决策过程造成不利影响。

这些结果可以得出一些结论。第一，结果表明情景意识是一个累积过程。第二，情景意识似乎可能在不同的阶段获得。在本研究中，这发生在环境静止的熟悉阶段，然后发生在环境变化的模拟期间。第三，参与者收集信息，直到他们达到一定水平的初始情景意识。因此，面对复杂的情况，大量的信息似乎会降低情景意识，因为控制人员处理时间有限。这种情景意识丧失似乎在国内模拟中发生的程度更大，而不是国际模拟。因此，在熟悉阶段获取足够的信息作为获得情景意识的基础可能更重要，而不是在干扰阶段。第四，由于国内 OCC 的决策时间有限，相较于国际 OCC 的运行控制人员，在熟悉阶段获取信息可能对国内 OCC 的运行控制人员更为重要。这表明国内 OCC 中的运行控制人员可能需要比国际 OCC 中的运行控制人员更全面地准备干扰处理，并强调明确、全面和及时通报的重要性。

情景意识、经验和专业知识

该研究从两个层面上研究了情景意识与经验之间的关系：参与者在行业中的从业年数以及他们在 OCC 领域的从业年数。在国际和国内模拟的熟悉阶段，参与者的评论表明他们强调了与他们以前的行业背景有关的方面。这暗示了过去经验在影响参与者在干扰之前进行自我总结的方式的重要性。虽然经验可能使参与者将注意力集中在熟悉的信息上，但对更广泛的方面的有限关注可能导致参与者未能获得全面的情景意识。这给 OCC 管理层带来了一个问题，即意识到运行控制人员可能会由于之前的经验而存在潜在的偏见，并需要开发培训以帮助运行控制人员来克服这些偏见。

在国际模拟中，参与者关注情景意识的核心层面，而不管他们的行业和 OCC 领域的经验如何。因此，他们寻求超越基本方面的情景意识，例如获得一般性概述。相反，这些参与者似乎寻求一定程度的情景意识，使他们能够通过识别飞行显示中的机型、航班时间间隔、维修以及机组限制等方面的信息来做好准备和确定潜在干扰的可能后果。在国内模拟中，所有参与者都关注情景意识的基本方面，对于具有广泛行业和 OCC 经验的参与者而言，其关注尤为突出。这表明国内 OCC 的运行控制人员可能对获得基本信息的正确认识以准备干扰感到满意。这些发现与之前的研究结果一致，这些研究表明经验对获取情景意识的重要性。然而，这项研究中出乎意料的结果是参与者在国内模拟中关注初级和核心层面的情景意识而不是高级层面情景意识。这表明许多参与者限制他们获取情景意识的程度，以至于他们可能未能考虑到更多关键和复杂的方面，并且给 OCC 管理层提供了一个问题，即识别运行控制人员获得情景意识方式中可能存在的缺陷。因此，OCC 管理层必须在复杂的层面上扩展对情景意识的认识，以便运行控制人员能够提高他们对于管理干扰的情景意识水平。

该研究还根据以前的研究调查了情景意识和专业知识之间的关系，这表明决策者在经历了 10 年的经验之后可能被归类为其专业领域的专家。在国际模拟中，参与者关注核心级别的情景意识，而不管其专业知识水平如何。但是，具有行业专业知识的参与者比新手更关注更高级的类别。此外，具有 OCC 领域专业知识的参与者比其他所有参与者更关注高级类别。从这些研究结果中得出的结论表明，OCC 的专业知识可能对帮助运行控制人员识别高级情景意识最为有利。换句话说，在国际 OCC 中，OCC 领域专业知识可能比行业专业知识更有助于获得情景意识。这一发现意义重大，因为可以借鉴专家对情景意识的先进知识来帮助扩大新手考虑的问题的范围和复杂性。在国内模拟中，所有参与者都广泛关注情景意识的初级方面，这表明在高度复杂的国内 OCC 运行环境中，运行控制人员可能需要高水平的专业知识，以使他们能够充分认识初级情景意识，例如飞机维修、机组人员和短暂的地面时间，它对于这一领域的决策至关重要。

从这些发现中可以得出一些结论。首先，在行业和 OCC 方面的专业知识似乎对获得情景意识很重要。其次，广泛的领域专业知识似乎非常重要，可以使运行控制人员了解领域特定的方面。这些发现对 OCC 招募和培训运行控制人员的方法有影响。

情景意识和决策注意事项

在模拟过程中，参与者在决策选择之前考虑了决策备选方案。决策过程中的这一步在文献中没有得到很好的解释，并且在决策模型上存在缺陷。此外，显然参与者认为某些决策注意事项是情景的基础，而其他决策注意事项对决策备选方案的选择至关重要。鉴于此，决策注意事项根据复杂性进行分类，这种分类与情景意识的分类相似。

在国际模拟中，参与者主要侧重于每个模拟场景中的核心决策注意事项。但是，在更复杂的情况下，他们也强调了高级决策注意事项。这与他们在多大程度上强调核心和高级情景意识水平相似。在国内模拟中，参与者广泛关注初级和核心决策注意事项。这些参与者强调了飞行显示中初级和核心决策注意事项，以获得情景意识。研究结果表明，情景意识的水平似乎影响决策注意事项的水平。换句话说，基本的情景意识水平似乎只能得到基本的决策注意事项。这意味着，为了让运行控制人员制定高级决策注意事项，需要鼓励他们寻求高级情景意识。这些发现得到了 Endsley，Bolte 和 Jones（2003）论点的有力支持，即情景意识是决策过程中的关键因素。

就 OCC 的影响而言，研究结果表明，提高情景意识水平可能会导致最有助于运行控制人员管理运行干扰的决策注意事项。相反，情景意识不足的参与者只能确定可能限制决策过程的初级决策注意事项。这是该研究的一个重要发现，因为它表明情景意识，无论是最初在简报中提供还是在干扰中获得，对于确定潜在问题和一系列可行解决方案来说绝对至关重要。

专业知识和决策注意事项

研究结果表明，参与者的专业知识水平对他们在模拟过程中的决策过程有着至关重要的作用。这被新手和专家在模拟过程中使用的不同方法所证明。在国际和国内模拟中，新手似乎很难理解场景中出现的干扰，并经常要求进一步的信息来帮助澄清问题。但是，他们以一种随意的方式吸取了这些信息。他们考虑了可能解决眼前问题的方面但未考虑进一步的后果。因此，新手似乎使用了分散的方法来作出决策，并表现出他们无法获得整体情况。这些观察结果与先前研究新手和专家的研究一致。另外，新手常常难以应付复杂和快速变化的情况。因此，他们表示了对可能解决问题的方法的关心。

相反，专家似乎比新手更容易理解情况，且更详细地考察情况。他们很快澄清信息，并可以通过汇总相关部分来全面了解情况。因此，比起新手，专家似乎使用更有条理的方法。正如以前的研究所表明的那样，专家们似乎知道在某种情况下哪些方案可行、哪些方案不起作用。很明显通过这种方式，他们可以预测干扰的后果以找出潜在的解决方案，并制定创新策略，比如推迟决策直到情况发生变化或获得更多信息。

结果突出了新手和专家采取的不同方法，特别关注新手决策过程中的不足。这提出了克服这些缺陷的最佳方法的问题，表明需要借助专家运行控制人员的专业知识加快开发新手的一些培训计划。鉴于获得情景意识的重要性，应特别注意专家如何确定信息并利用信息来全面了解情况。计划还应侧重于专家考虑决策注意事项，优化决策时间以及从不可行的解决方案中识别可行方案的方式。OCC 需要优化专家和新手之间的沟通，最大限度地传播知识。实现这一目标的手段可能是通过“伙伴”或指导安排。

在国际模拟中，新手和专家主要关注核心决策注意事项。然而，在非常复杂的干扰中，新手和专家似乎都将注意力集中在高级决策注意事项上。因此，看来国际 OCC 的参与者可能不一定依靠他们的专业知识水平来确定决策注意事项。这可能是由于每种情况的独特性，需要一般能力来确定决策注意事项，而不是利用以前的经验。新手专注于所有类别的决策注意事项，类似于专业程度。这发生在每个国际模拟中，并且表明在这种环境下，尽管运行控制人员的专业知识有限，而且不管复杂程度如何，仍然可以实现适当的结果。这是一个意外的结果，因为可以预见新手可能没有足够的经验来确定与专家相同程度的决策注意事项。对此的一种解释可能是运行控制人员有足够的时间广泛地确定决策注意事项。另一个原因可能是新手在国际 OCC 中获得一定程度的决策培训。虽然该研究认识到国际和国内 OCC 中的运行控制人员可能接受过各种形式的培训，但研究并没有考察培训对决策过程的影响。然而，需要进行进一步的研究来考察具体培训能够在多大程度上影响运行控制人员识别决策考虑的能力。

在国内模拟中，新手和专家主要关注初级和核心决策注意事项。同样显而易见的是，专家在所有类别的决策考虑方面的重点都远远超过新手。这表明，行业和 OCC 方面的专业知识对国内 OCC 的决策过程的影响要大于国际 OCC 的决策过程，并强调了国际和国内 OCC 决策所需的专业水平差异。因此，新手和专家确定决策注意事项的方式存在明显差距。这种差距很可能导致新手无法确定足够和可行的决策备选方案，据此可以作出决策。解决这一缺陷的一种方法是开发一个基于计算机的专家系统，根据任何给定的运行干扰可以产生各种决策注意事项。该系统可以帮助克服依靠运行控制人员产生决策注意事项的局限性，也有助于克服运行控制人员根据过去的行业经验所产生的偏见。系统的进一步使用可以通过提供特定的基于场景的干扰来适应国际和国内的 OCC 以补充现有的 OCC 运行控制人员培训。这些场景可以利用以前的干扰，让受训者看到特定决策备选方案的潜在后果。这将使受训者能够实施干扰恢复策略。此外，国内的 OCC 应该有针对性地设计培训场景，让受训者能够在有限的时间内作出决定。

在国际和国内模拟的每种情景中，相比新手，专家优异的表现会选择更全面和可行的决策备选方案，并且最终的决策选择是可以信赖的。因此，这项研究建立在以前的工作上，证明了面对 OCC 领域复杂问题时专家的卓越表现。

决策风格和决策注意事项

理性决策风格

很明显，参与者使用高理性 DMS 来识别国际和国内模拟中的受训者。具有行业和 OCC 专业知识的参与者似乎比新手在更大程度上地使用高理性 DMS。在高度复杂的干扰中，高理性 DMS 的使用在国际和国内环境中更为明显。以前的研究认为，在不确定的、动态的环境中进行理性决策不太可能取得成功，鉴于决策者需要迅速处理大量信息，并且通常在有限的时间内评估情况。换句话说，这些环境下的决策者没有足够的时间来采用理性决策风格所用的循序渐进的过程。

因此，无论问题的复杂性如何，决策者使用高理性 DMS 的发现都是出乎意料的，这与以前的研究相反，并提出了一个重要的观点。尽管在国际环境中使用高理性 DMS 可能是由于决策时间较长，但同样的解释并不合适，因为国内环境的决策时间有限。这表明，不管决策制定环境中的复杂性如何，理性的决策风格都可能增强决策的制定。因此，OCC 有机会开发一种特定的培训援助，其中包含理性决策步骤的制定方式。这支持开发计算机专家系统，该系统可以使用理性方法模拟决策过程中涉及的步骤来指导决策过程。该系统需要纳入研究提出的增强措施，例如情景意识类别和决策注意事项，因为这将有助于运行控制人员确定与决策过程相关的关键方面。

直觉决策风格

评论也根据参与者使用高直觉决策风格进行分类。在国际和国内模拟最不复杂的场景下，无论是新手还是专家都很少使用直觉 DMS。然而，在复杂的干扰中，新手和专家都展示了高直觉 DMS 的大量使用。同样显而易见的是，专家似乎比新手更广泛地使用直觉方法。换句话说，OCC 中的决策者无论专业知识水平如何似乎都使用直觉方法，但具有行业和 OCC 经验的专家比新手更广泛地使用直觉方法。因此，这些发现提供了强有力的证据，证明在 OCC 中使用直觉决策风格进行决策，并且以前大量的研究认为决策者可能在动态复杂的情况下利用经验和直觉进行决策。对高直觉决策风格的强调表明，发展参与者的直觉方法可能会改进决策过程。因此，为运行控制人员开发的计算机专家系统也需要包含捕捉专家在决策过程中采用直觉的方式。尽管有些观点认为决策是在一个连续过程中发生的（从理性到直觉方法），但研究结果并不支持这一点。相反，研究结果表明运行控制人员使用直觉和理性相结合的决策风格，特别是在处理复杂问题时。

贡献和影响

情景意识

该研究依赖于 Endsley（1988，1995a）对情景意识的定义，并利用她的模型来研究参与者形成情景意识的方式。尽管 Endsley 模型的第一个水平是指对环境中元素的感知，但该模型并未根据其相对重要性对它们进行加权来区分这些元素。研究表明，参与者认为某些要素是基本要素，其他要素对于情景意识的积累至关重要。鉴于此，情景意识的要素根据复杂性进行分类和加权。该研究建立在 Endsley 的工作基础上，扩展了她的模型的第一水平，这有助于提高对决策者建立情景意识并使决策者识别情景意识元素之间差异方式的理解。这些发现应能促进对航空和其他领域如应急服务、医疗、驾驶、战争战略和电厂运行等的情景意识的了解。

进一步的研究可以集中在其他领域的元素可能被加权的程度，因为这可能会导致对这些领域的情景意识有更多的了解。研究结果提出了一些重要的研究问题：(a）情景意识最相关的因素是否可以在特定的领域中被识别和加权？(b）就 Endsley（1995a）模型而言，确定某一领域最相关要素在多大程度上可以提高对决策过程中情景意识的理解和预测水平？（c）情景意识和信息完整性之间的关系是什么？（d）如何根据具体情况量身定制信息，以提供高级情景意识水平？（e）可以采取哪些机制来协助决策制定者确定相关信息并确定优先顺序以最适合某种情况？（f）情景意识的提高能够在多大程度上确定更高级的决策注意事项？

航空情景意识

除了商业或军事飞行员和空中交通管制人员，很少有研究调查航空情景意识。这项研究已经证实，情景意识是 OCC 运行控制人员决策过程的基础。这表明需要进一步研究来考察其他航空领域的情景意识，并提出了一些研究问题：(a）航空领域的情景意识在多大程度上是至关重要的，例如地面代理、机场运行、载荷控制和机组人员？（b）对其他航空领域的情景意识方面的分类是否可以改进这些领域的决策？（c）能否将情景意识方面的分类纳入飞行员和空中交通管制员的决策过程，以改善这些领域的情景意识？

OCC 中的情景意识

该研究表明，情景意识对 OCC 的决策至关重要。该研究还确认，获取 OCC 中的情景意识是一个累积过程，运行控制人员在熟悉阶段获得最初的情景意识水平，并通过在干扰期间收集信息来提高初始情景意识。值得注意的是，该研究得出结论认为，在熟悉阶段形成的情景意识可能比干扰时获得的意识更重要，特别是在国内 OCC 中。这是由于积累和分析信息的时间有限。这种强化情景意识可能会使控制人员更加彻底地做好情况评估，理解可能发生的后果并找出问题的解决方案的准备。进一步的研究需要调查培训方法以发展情景意识，因为这很可能会导致改进的决策过程。然后，需要改进 OCC 控制人员的情景意识引发了几个研究问题：(a）培训在多大程度上影响运行控制人员获取初始情景意识的方式？（b）信息在多大程度上为运行控制人员提供最佳情景意识水平？（c）可以开发哪些方法来确保运行控制人员信息的准确性？（d）根据问题的性质，信息可以何种方式分类并呈现给运行控制人员？(e）是否有最佳信息水平能够确保运行控制人员形成情景意识，并确保大量信息不会降低情景意识?

虽然研究并未考察团队情景意识，但 OCC 决策的日益复杂化可能导致进一步的研究，以调查团队情景意识可能影响决策过程的程度，并提出进一步的研究问题 :（a）OCC 团队情景意识在多大程度上表现出来？（b）团队情景意识在多大程度上改善了 OCC 的决策过程?

决策

该研究已经概述了许多理性决策模型，描述了决策的若干步骤。尽管各模型之间存在差异，但它们共同的基本阶段包括问题识别，备选方案的产生和评估以及行动方案的选择。研究中的一个重要发现是，在制定备选方案之前，参与者考虑了多项决策注意事项。虽然认定决策注意事项的阶段可能隐含在决策模型中，但研究表明，OCC 中的运行控制人员清楚地将决策注意事项作为决策过程的一部分。因此，本研究提请注意在理性决策方法中包含一个步骤的重要性，该模型明确描述了决策注意事项的识别和加权。类似的步骤可能会澄清 Klein（1993）的认可启动决策（RPD），因为决策者可以在精神上模拟可能采取的行动。

经验和专业知识

研究结果强调了行业和 OCC 经验对发展情景意识的重要性，研究结果表明具体的航空业经验有利于 OCC 的决策过程。因此，进一步的研究可以解决几个问题 :（a）航空业有没有最佳的服务时间，有利于 OCC 的决策过程?（b）在特定的航空领域是否有最佳的多元化经验可以最好地为运行控制人员在 OCC 工作中做好准备？该研究的结果也挑战了基于经验年限的专业知识的定义。该研究的一个重要结论是决策制定中的专业知识应该基于更适合于获得决策制定的次级技能，这些技能使决策者能够识别和分类情景意识元素和一系列决策注意事项，并生成决策备选方案，从而产生问题的最佳解决方案。因此，进一步的研究可以解决以下问题 :（a）能够在多大程度上确定一组专家的决策技能？（b）培训辅助工具能在多大程度上促进知识传播，使新手能够从专家那里学习这些次级技能?

决策风格

该研究考察了 OCC 中运行控制人员所使用的理性和直觉决策风格。过去的研究表明，理性决策风格不可能在复杂的动态环境中取得成功，因为收集信息和比较备选方案的时间有限。然而，研究表明参与者在模拟最复杂的干扰时使用了高理性决策风格。过去的研究也表明，经验构成了直觉决策的基础。然而，在研究中，参与者在高度复杂的情况下使用直觉，不管他们的经验如何。研究结果提出了一些可以解决的研究问题 :（a）在其他领域可以在多大程度上确定理性和直觉的决策水平？（b）使用高理性和高直觉组合的决策风格在多大程度上得到有效的决策？

自然主义决策

研究中采用的方法通过尽可能复现运行控制人员工作环境来能够考察个人决策。尽管 NDM 理论依赖于现实世界和自然环境下的研究，但初始研究表明，在对运行干扰进行决策时很难捕捉 OCC 中运行控制人员的思维过程。在 OCC 中，运行控制人员在干扰时没有时间讨论他们的思维过程或解释采取某些行动的理由。因此，言语允许对参与者思想和行为进行有意义的洞察。因此，在主要研究中使用模拟和有声思维报告，可以捕获本来不可能获得的丰富的定性数据。模拟还克服了其他数据收集方法的局限性，例如不适合深入研究个人观点的问卷调查。因此，该研究表明，这些方法的应用作为访问思想过程的手段，为非常复杂情况下的决策制定奠定了基础。使用这种方法的进一步研究可以收集额外的数据，这可以帮助航空公司进一步考察 OCC 中运行控制人员的决策过程。有声思维可能适用于其他领域的决策研究，其中参与者思维过程收集可以增加对个人决策过程的理解。

OCC 的进一步研究

过去的研究已经得出结论：专家系统已经为 OCC 运行控制人员提供了有限的决策支持，但未能应对 OCC 环境中常见的多个同时发生的问题。尽管 OCC 中的干扰恢复主要是依赖于运行控制人员的直觉和经验，但 OCC 中的决策研究并未考虑到涉及的人员。该研究提供了对运行控制人员个体决策过程的深入了解。这项研究需要通过研究亚太地区以外的 OCC 运行控制人员的决策过程，以检验本研究结论的通用性。

人力资源选择实践

该研究表明需要在 OCC 中聘用经验丰富的运行控制人员，并强调行业和领域经验的重要性。因此，航空公司人力资源部门在招聘 OCC 运行控制人员时需要了解其行业背景。进一步的研究将有助于确定一系列来自航空业和其他行业的适当背景。了解与 OCC 密切相关的部门获得的经验的重要性也是必要的。因此，该研究的建议是建立一种途径方法，要求运行控制人员学员在最终进入 OCC 前在这些相关部门进行短期实习。研究结果表明，领域经验影响了国际和国内 OCC 的决策。这表明人力资源人员需要深入了解他们正在招聘的 OCC 环境的特定要求。在管理国际和国内时刻表的 OCC 中，需要进一步考虑确定受训者在一个或两个环境中制定决策过程的最有利方式。运行控制人员的选择在 OCC 中经常是偶然的。基于计算机的仿真模型的发展再现了一系列操作干扰，用于测试和评估潜在候选人的决策过程，这为人员选择提供了额外的手段。

人力资源培训实践

该研究确定了需要在三个方面进行培训：形成情景意识，确定决策注意事项，以及提高新手的专业知识水平。研究讨论了情景意识在 OCC 决策过程中的重要性。因此，尽可能彻底地获得最初的情景意识至关重要，以便让运行控制人员为潜在的干扰做好准备。协助新手的一种方法可能是开发基于计算机的专家系统，通过显示适合 OCC 的实时时刻表作为培训辅助。这将使新手能够测试未考虑到各种情况的可能后果。专家系统可以作为一个提示或检查单，以扩大在这种情况下可用的决策注意事项。研究中使用的分类和加权方法也可以帮助新手认识情景意识的初级、核心和高级层面。这个系统可以衡量新手获得初始情景意识的程度，并应该帮助他们提高情景意识水平，以此作为准备干扰的手段。

该研究还确定了决策注意事项在决策过程中的重要性。因此，可以使用同样的基于计算机的专家系统作为培训辅助工具，以使用从实际运行遇到的情景开展模拟。在产生一系列决策备选方案之前，使用模拟对培训新手确定决策注意事项方面非常有益。培训计划还可以纳入一个“伙伴”系统，以指导新手在复杂程度最低或时间可能太有限的情况下，对决策过程进行广泛的考察和讨论。

开发这种培训辅助系统的好处有很多。它可以为运行控制人员提供一个快速的参考指南，用于识别和分类情景意识的要素，以及识别和分类决策考虑注意事项。它可以帮助 OCC 管理层选择未来的运行控制人员并培训新的和现有的运行控制人员。

总结评论

尽管以前的研究已经在许多航空领域（例如驾驶和空中交通管制）中考察了决策过程，但 OCC 中的决策制定在很大程度上被忽视了。研究人员作为 OCC 运行控制人员的个人行业经验为本书的出版提供了动力。对复杂的 OCC 环境中的干扰管理的第一手知识源于对考察和改进决策过程的兴趣。该研究还吸收了人力资源领域的个人学术背景经验，特别关注考察和撰写案例研究。

以前在 OCC 领域的研究可能被忽略了，因为在现实生活中，数据被认为难以获得。模拟和有声思维报告的使用已经以某种方式克服了这个领域的研究障碍。

研究结果应该对航空公司管理层有所启发，以改进 OCC 运行控制人员的选择和培训方法。总之，考虑到 OCC 对航空公司的重要性，本书应该为进一步研究提供思路，因为 OCC 控制人员的决策过程需要进行更多的考察。

附录A　关键术语的定义

决策风格是指个人在面对决策情景时所表现出的所学和习惯性反应模式（Scott 和 Bruce，1995：820）。

决策结果是面对决策情景时个人表现出的反应模式的最终结果（Scott 和 Bruce，1995：820）。

干扰是指阻止航空公司按计划运行的事件（Rosenberger，Schaefer，Goldsman，Johnson，Kleywegt 和 Nemhauser，2002）。

国内 OCC 是指负责航空公司国内运行的运行控制中心。

经验是指过去印象、行动和成就的累积记忆（Khatrih 和 Ng，2000：63）。

专业知识是指人们运用自己的知识来评估形势、确定问题是否存在以及采取适当行动解决问题的能力（Orasanu 和 Connolly，1993）。

信息完整性是在做出决定之前尽可能多地信息收集的过程（Endvick，1996：37）。

国际 OCC 是指负责航空公司国内外运行的运行控制中心。

情景意识是指在一定的时间和空间内，对环境要素的感知，对其意义的理解，以及对将来状态的预测（Endsley，1988：5）。

时间限制是指最后的时间期限，这种期限可能会引起一些不同的情感状态，这取决于个人在何种程度上适应使他们能够在可接受的水平上维持其任务目标的方式（Maule，Hockey 和 Bdzola，2000：284）。

转机者是从一个航班连接换乘到另一个航班的乘客。

附录B

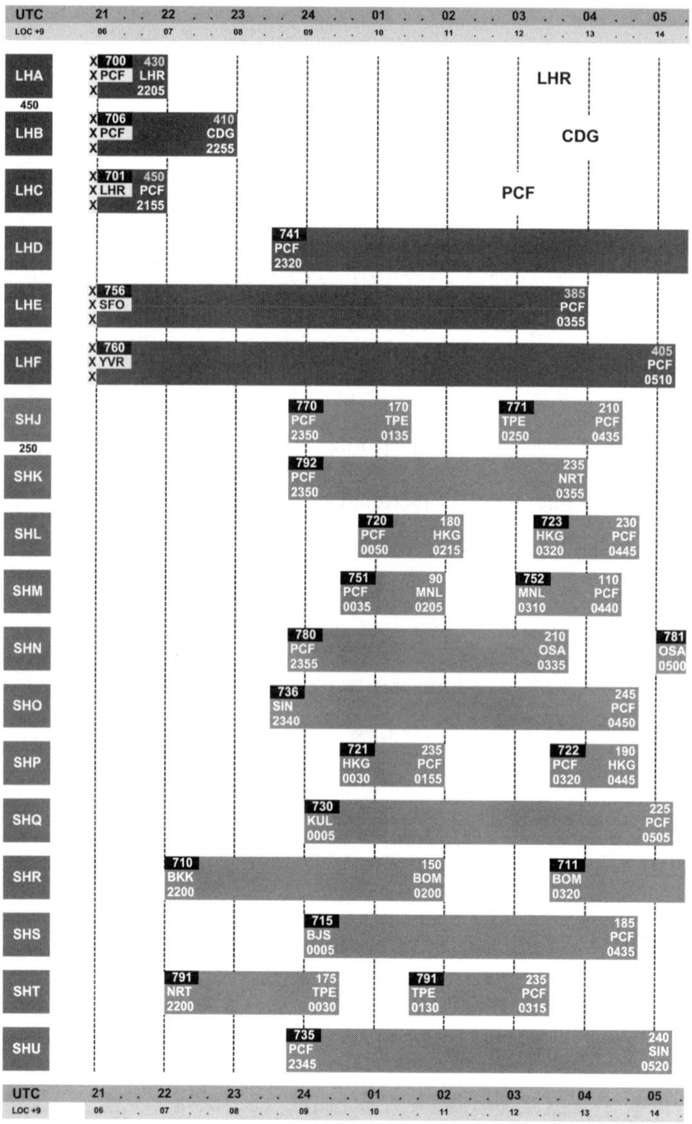

图 B.1　国际模拟（第一天）

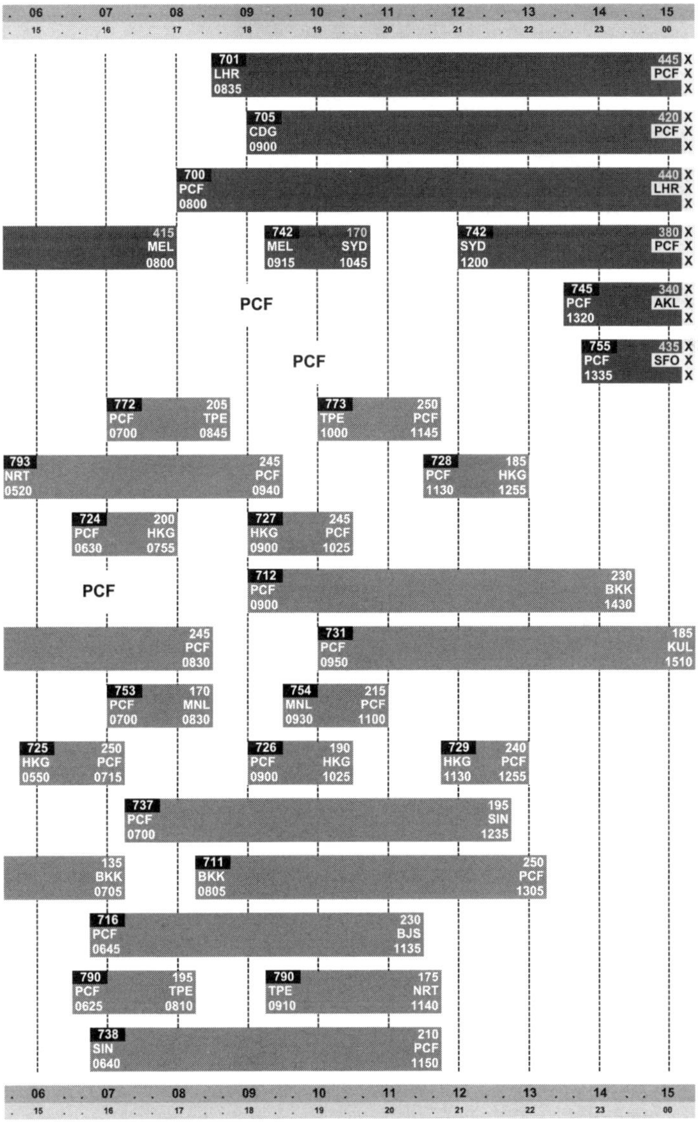
06 07 08 09 10 11 12 13 14 15
15 16 17 18 19 20 21 22 23 00
701 LHR 0835 445 PCF X X X
705 CDG 0900 420 PCF X X X
700 PCF 0800 440 LHR X X X
415 MEL 0800
742 MEL 0915 170 SYD 1045
742 SYD 1200 380 PCF X X X
745 PCF 1320 340 AKL X X X
755 PCF 1335 435 SFO X X X
PCF
PCF
772 PCF 0700 205 TPE 0845
773 TPE 1000 250 PCF 1145
793 NRT 0520 245 PCF 0940
728 PCF 1130 185 HKG 1255
724 PCF 0630 200 HKG 0755
727 HKG 0900 245 PCF 1025
712 PCF 0900 230 BKK 1430
PCF
245 PCF 0830
731 PCF 0950 185 KUL 1510
753 PCF 0700 170 MNL 0830
754 MNL 0930 215 PCF 1100
725 HKG 0550 250 PCF 0715
726 PCF 0900 190 HKG 1025
729 HKG 1130 240 PCF 1255
737 PCF 0700 195 SIN 1235
135 BKK 0705
711 BKK 0805 250 PCF 1305
716 PCF 0645 230 BJS 1135
790 PCF 0625 195 TPE 0810
790 TPE 0910 175 NRT 1140
738 SIN 0640 210 PCF 1150
06 07 08 09 10 11 12 13 14 15
15 16 17 18 19 20 21 22 23 00

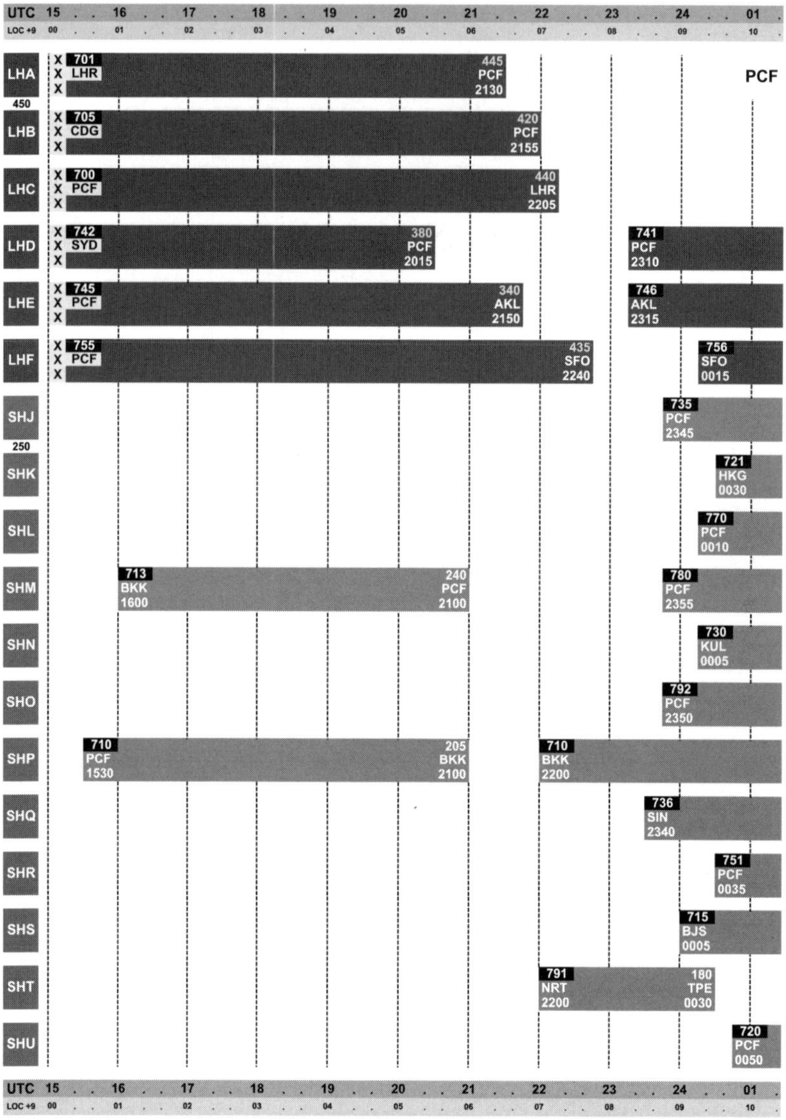
UTC 15 16 17 18 19 20 21 22 23 24 01
LOC +9 00 01 02 03 04 05 06 07 08 09 10
LHA
450
LHB
LHC
LHD
LHE
LHF
SHJ
250
SHK
SHL
SHM
SHN
SHO
SHP
SHQ
SHR
SHS
SHT
SHU
701 LHR 445 PCF 2130
PCF
705 CDG 420 PCF 2155
700 PCF 440 LHR 2205
742 SYD 380 PCF 2015
741 PCF 2310
745 PCF 340 AKL 2150
746 AKL 2315
755 PCF 435 SFO 2240
756 SFO 0015
735 PCF 2345
721 HKG 0030
770 PCF 0010
713 BKK 1600 240 PCF 2100
780 PCF 2355
730 KUL 0005
792 PCF 2350
710 PCF 1530 205 BKK 2100
710 BKK 2200
736 SIN 2340
751 PCF 0035
715 BJS 0005
791 NRT 2200 180 TPE 0030
720 PCF 0050

图 B.2　国际模拟（第二天）

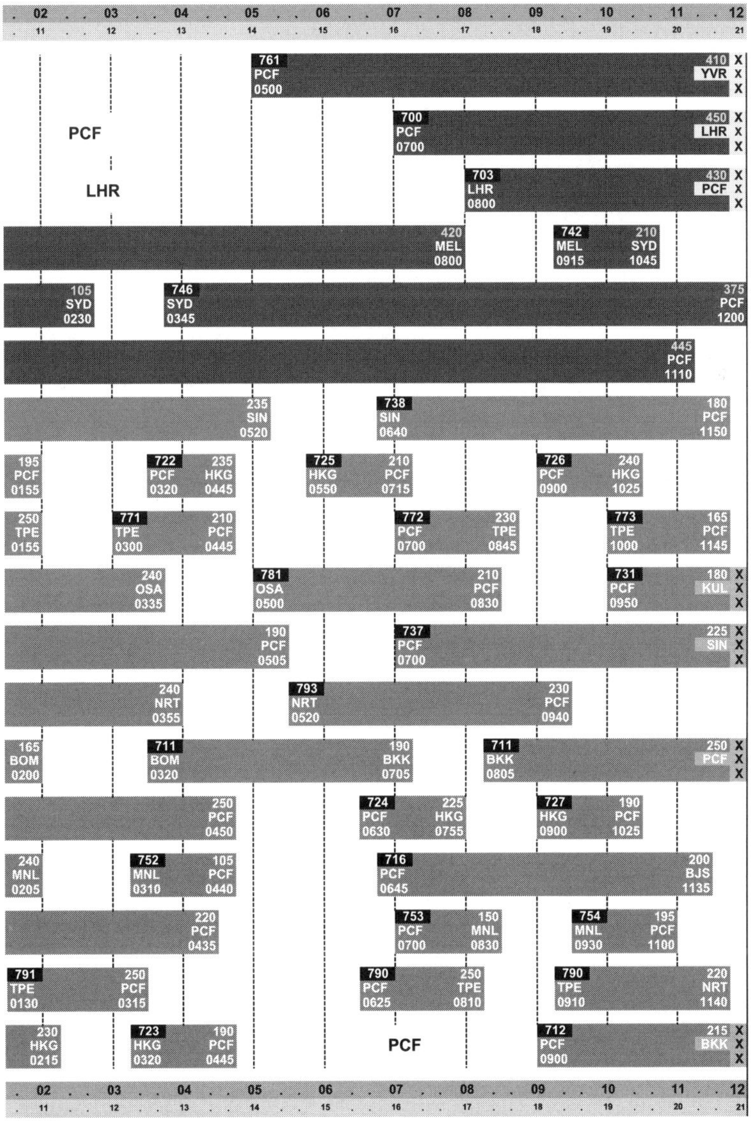
02 03 04 05 06 07 08 09 10 11 12
11 12 13 14 15 16 17 18 19 20 21
761 PCF 0500 410 YVR X X X
700 PCF 0700 450 LHR X X X
PCF
LHR
703 LHR 0800 430 PCF X X X
420 MEL 0800
742 MEL 0915 210 SYD 1045
105 SYD 0230
746 SYD 0345 375 PCF 1200
445 PCF 1110
235 SIN 0520
738 SIN 0640 180 PCF 1150
195 PCF 0155
722 PCF 0320 235 HKG 0445
725 HKG 0550 210 PCF 0715
726 PCF 0900 240 HKG 1025
250 TPE 0155
771 TPE 0300 210 PCF 0445
772 PCF 0700 230 TPE 0845
773 TPE 1000 165 PCF 1145
240 OSA 0335
781 OSA 0500 210 PCF 0830
731 PCF 0950 180 KUL X X X
190 PCF 0505
737 PCF 0700 225 SIN X X X
240 NRT 0355
793 NRT 0520 230 PCF 0940
165 BOM 0200
711 BOM 0320 190 BKK 0705
711 BKK 0805 250 PCF X X X
250 PCF 0450
724 PCF 0630 225 HKG 0755
727 HKG 0900 190 PCF 1025
240 MNL 0205
752 MNL 0310 105 PCF 0440
716 PCF 0645 200 BJS 1135
220 PCF 0435
753 PCF 0700 150 MNL 0830
754 MNL 0930 195 PCF 1100
791 TPE 0130 250 PCF 0315
790 PCF 0625 250 TPE 0810
790 TPE 0910 220 NRT 1140
230 HKG 0215
723 HKG 0320 190 PCF 0445
PCF
712 PCF 0900 215 BKK X X X
02 03 04 05 06 07 08 09 10 11 12
11 12 13 14 15 16 17 18 19 20 21

附录C

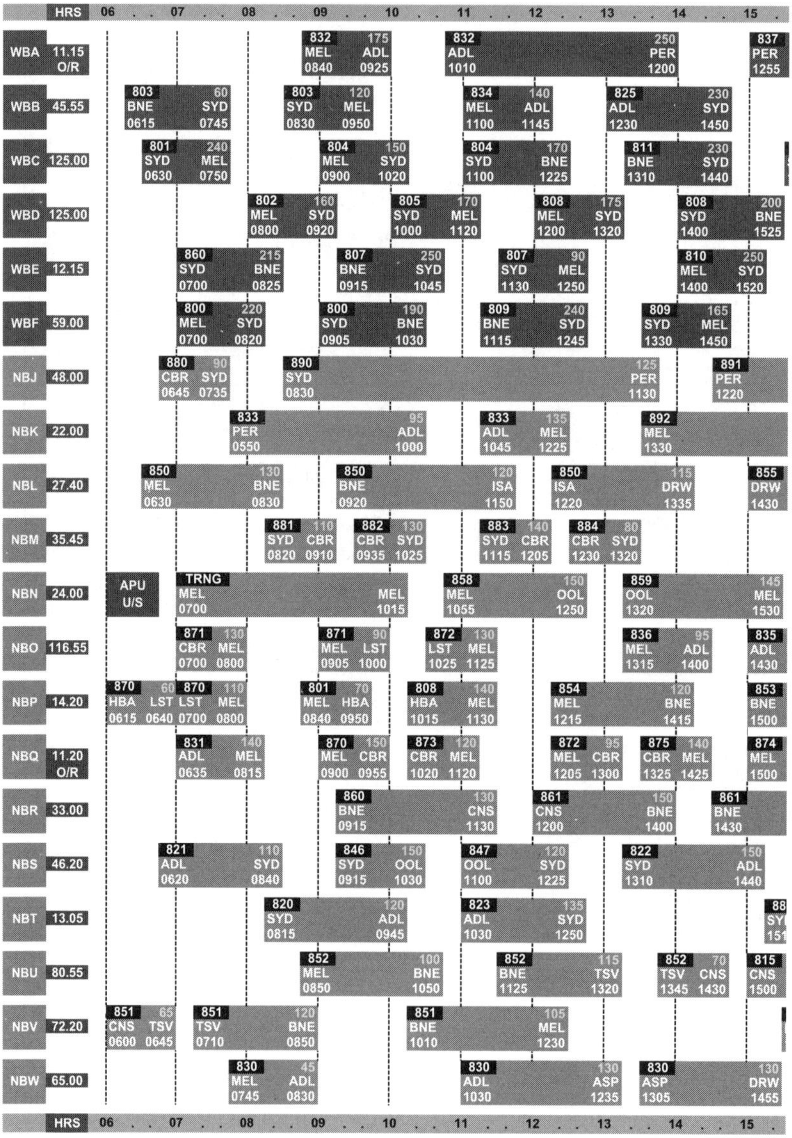

图 C.1　国内模拟（第一天）

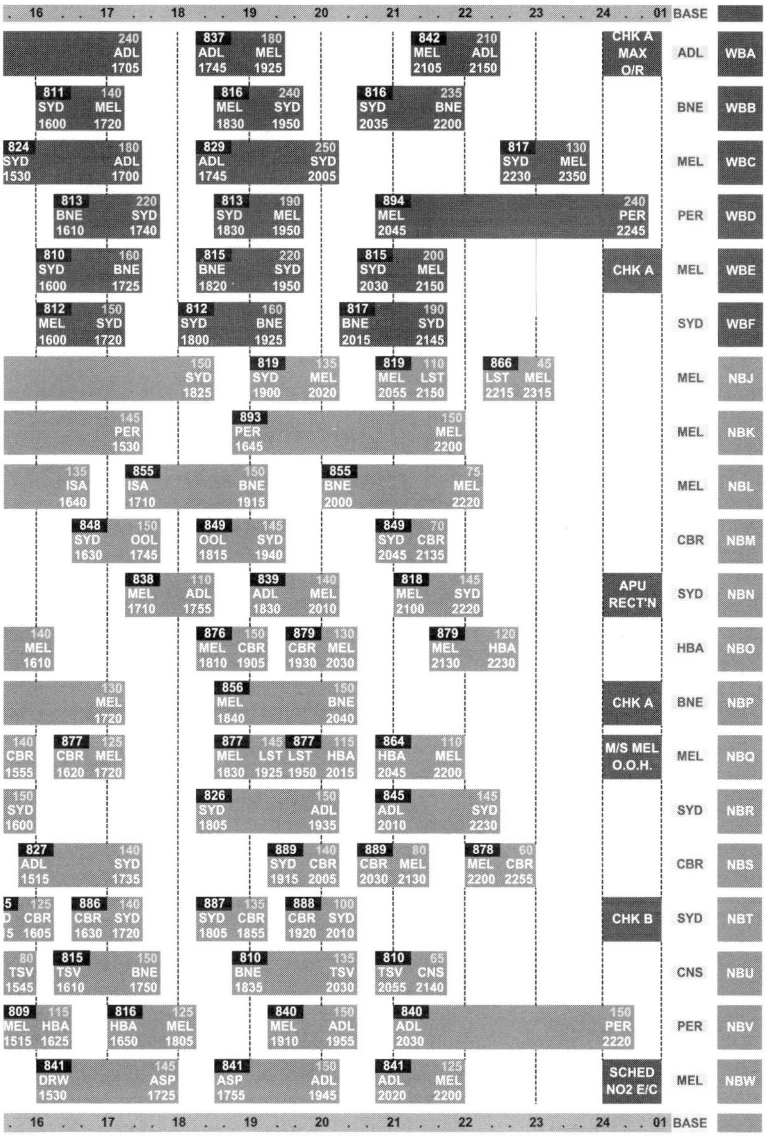

16 17 18 19 20 21 22 23 24 01 BASE
240 ADL 1705 | 837 180 ADL MEL 1745 1925 | 842 210 MEL ADL 2105 2150 | CHK A MAX O/R | ADL | WBA
811 140 SYD MEL 1600 1720 | 816 240 MEL SYD 1830 1950 | 816 235 SYD BNE 2035 2200 | BNE | WBB
824 180 SYD ADL 1530 1700 | 829 250 ADL SYD 1745 2005 | 817 130 SYD MEL 2230 2350 | MEL | WBC
813 220 BNE SYD 1610 1740 | 813 190 SYD MEL 1830 1950 | 894 240 MEL PER 2045 2245 | PER | WBD
810 160 SYD BNE 1600 1725 | 815 220 BNE SYD 1820 1950 | 815 200 SYD MEL 2030 2150 | CHK A | MEL | WBE
812 150 MEL SYD 1600 1720 | 812 160 SYD BNE 1800 1925 | 817 190 BNE SYD 2015 2145 | SYD | WBF
150 SYD 1825 | 819 135 SYD MEL 1900 2020 | 819 110 MEL LST 2055 2150 | 866 45 LST MEL 2215 2315 | MEL | NBJ
145 PER 1530 | 893 150 PER MEL 1645 2200 | MEL | NBK
135 ISA 1640 | 855 150 ISA BNE 1710 1915 | 855 75 BNE MEL 2000 2220 | MEL | NBL
848 150 SYD OOL 1630 1745 | 849 145 OOL SYD 1815 1940 | 849 70 SYD CBR 2045 2135 | CBR | NBM
838 110 MEL ADL 1710 1755 | 839 140 ADL MEL 1830 2010 | 818 145 MEL SYD 2100 2220 | APU RECT'N | SYD | NBN
140 MEL 1610 | 876 150 MEL CBR 1810 1905 | 879 130 CBR MEL 1930 2030 | 879 120 MEL HBA 2130 2230 | HBA | NBO
130 MEL 1720 | 856 150 MEL BNE 1840 2040 | CHK A | BNE | NBP
140 CBR 1555 | 877 125 CBR MEL 1620 1720 | 877 145 MEL LST 1830 1925 | 877 115 LST HBA 1950 2015 | 864 110 HBA MEL 2045 2200 | M/S MEL O.O.H. | MEL | NBQ
150 SYD 1600 | 826 150 SYD ADL 1805 1935 | 845 145 ADL SYD 2010 2230 | SYD | NBR
827 140 ADL SYD 1515 1735 | 889 140 SYD CBR 1915 2005 | 889 80 CBR MEL 2030 2130 | 878 60 MEL CBR 2200 2255 | CBR | NBS
5 125 D CBR 5 1605 | 886 140 CBR SYD 1630 1720 | 887 135 SYD CBR 1805 1855 | 888 100 CBR SYD 1920 2010 | CHK B | SYD | NBT
80 TSV 1545 | 815 150 TSV BNE 1610 1750 | 810 135 BNE TSV 1835 2030 | 810 65 TSV CNS 2055 2140 | CNS | NBU
809 115 MEL HBA 1515 1625 | 816 125 HBA MEL 1650 1805 | 840 150 MEL ADL 1910 1955 | 840 150 ADL PER 2030 2220 | PER | NBV
841 145 DRW ASP 1530 1725 | 841 150 ASP ADL 1755 1945 | 841 125 ADL MEL 2020 2200 | SCHED NO2 E/C | MEL | NBW
16 17 18 19 20 21 22 23 24 01 BASE

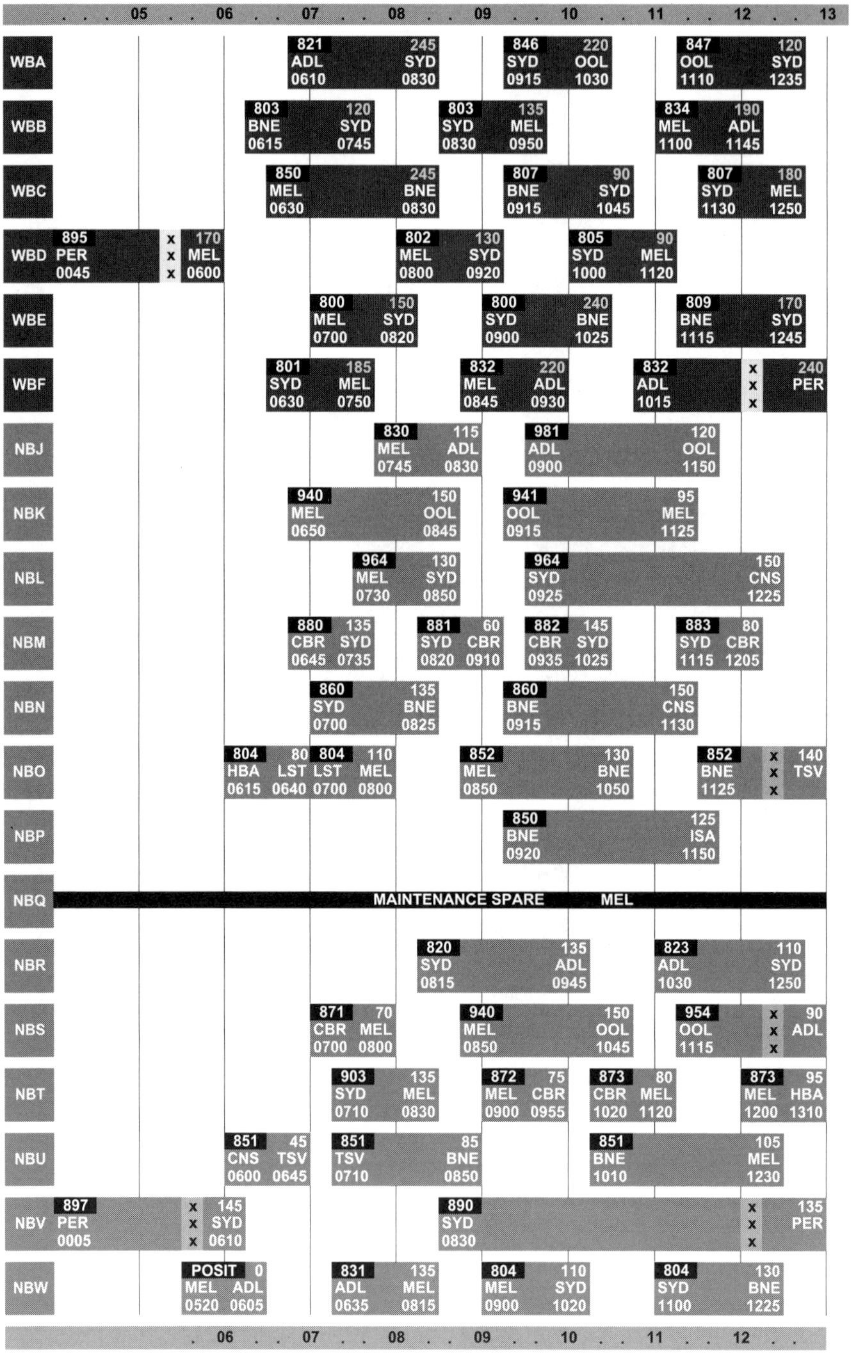

图 C.2 国内模拟（第二天）

参考文献

Abdelghany, K.F., Abdelghany, A.F. and Ekollu, G. (2008). An integrated decision support tool for airlines schedule recovery during irregular operations. *European Journal of Operational Research*, 185, 825–48.

Abdelghany, K.F., Shah, S.S., Raina, S. and Abdelghany, A.F. (2004). A model for projecting flight delays during irregular operation conditions. *Journal of Air Transport Management*, 10, 385–94.

Adams, M.J., Tenney, Y.J. and Pew, R.W. (1995). Situation awareness and the cognitive management of complex systems. *Human Factors*, 37(1), 85–104.

Adelman, L., Tolcott, M.A. and Bresnick, T.A. (1993). Examining the effect of information order on expert judgment. *Organizational Behavior and Human Decision Processes*, 56, 348–69.

Agor, W.H. (1984). *Intuitive Management: Integrating Left and Right Brain Management Skills*. Englewood Cliffs. New Jersey: Prentice-Hall.

Agor, W.H. (1986). *The Logic of Intuitive Decision-making: A Research-based Approach for Top Management.* New York: Quorum Books.

Ahituv, N., Igbaria, M. and Sella, A. (1998). The effects of time pressure and completeness of information on decision-making. *Journal of Management Information Systems*, 15(2), 153–72.

Ahituv, N. and Neumann, S. (1987). Decision-making and the value of information. In: R. Galliers (ed.), *Information Analysis: Selected Readings*. USA: Addison Wesley Publishing Co.

Ariely, D. and Zakay, D. (2001). A timely account of the role of duration in: decision-making. *Acta Psychologica*, 108(2), 187–207.

Bainbridge, L. (1999). Processes underlying human performance. In: D.J. Garland, J.A. Wise and V.D. Hopkin (eds), *Handbook of Aviation Human Factors*. Mahwah, NJ: Lawrence Erlbaum Associates.

Balch, R.S., Schrader, S.M. and Ruan, T. (2007). Collection, storage and application of human knowledge in expert systems development. *Expert Systems*, 24(5), 346–55.

Ball, M.O. (2003). Introduction to the special issue on aviation operations research: Commemorating 100 years of aviation. *Transportation Science*, 37(4), 366–7.

Barnhart, C., Belobaba, P. and Odoni, A.R. (2003). Applications of operations research in the air transport industry. *Transportation Science*, 37(4), 368–91.

Baron, J. (1994). *Thinking and Deciding* (2nd ed.). New York: Cambridge University Press.

Barthelemy, J.P., Bisdorff, R. and Coppin, G. (2002). Human centered processes and decision support systems. *European Journal of Operational Research*, 136(2), 233–52.

Bazargan, M. (2004). *Airline Operations and Scheduling*. Aldershot: Ashgate.
Beach, L.R. and Lipshitz, R. (1993). Why classical decision theory is an inappropriate standard for evaluating and aiding most human decision-making. In: G.A. Klein, J. Orasanu, R. Calderwood and C. Zsambok (eds), *Decision-Making in Action: Models and Methods*. Norwood, NJ: Ablex Publishing Corporation.
Beach, L.R. and Mitchell, T. (1978). A contingency model for the selection of decision strategies. *Academy of Management Review*, 3, 439–49.
Bedard, J. (1991). Expertise and its relation to audit decision quality. *Contemporary Accounting Research*, 8, 198–222.
Benner, L. (1975). D.E.C.I.D.E. in the hazardous materials emergencies. *Fire Journal*, 69(4), 13–18.
Benner, P. (1984). *From Novice to Expert: Excellence and Power in Clinical Nursing Practice*. Menlo Park, CA: Addison Wesley Publishing Company.
Berg, B.L. (1995). *Qualitative Research Methods for the Social Sciences* (2nd ed.). Needham Heights, MA: Allyn and Bacon.
Blandford, A. and Wong, B.L.W. (2004). Situation awareness in emergency medical dispatch. *International Journal of Human-computer Studies*, 61(4), 421–52.
Bonabeau, E. (2003). Don't trust your gut. *Harvard Business Review*, 81(5), 116–23.
Brehmer, B. (1999). Reasonable decision-making in complex environments. In: H. Montgomery and P. Juslin (eds), *Judgment and Decision-making*. Mahwah, NJ: Lawrence Erlbaum.
Bryer, D.J. (2006). Influences that drive clinical decision-making among rheumatology nurses. Part 1: literature review. *Musculoskeletal Care*, 4(3), 130–39.
Buchanan, L. and O'Connell, A. (2006). A brief history of decision-making. *Harvard Business Review*, 84(1), 32–41.
Cannon-Bowers, J. A., Salas, E. and Pruitt, J.S. (1996). Establishing the boundaries of a paradigm for decision-making research. *Human Factors*, 38(2), 193–205.
Cao, J. and Kanafani, A. (2000). The value of runway time slots for airlines. *European Journal of Operational Research*, 126(3), 491–500.
Carr, M. and Wagner, C. (2002). A study of reasoning processes in software maintenance management. *Information Technology and Management*, 3, 181–203.
Cellier, J-M., Eyrolle, H. and Marine, C. (1997). Expertise in dynamic environments. *Ergonomics*, 40(1), 28–50.
Cesna, M. and Mosier, K. (2005). Using a prediction paradigm to compare levels of expertise and decision-making among critical care nurses. In: D.A. Montgomery, R. Lipshitz and B. Brehmer (eds), *How Professionals Make Decisions*. Mahwah, NJ: Lawrence Erlbaum Associates.
Chase, W. and Simon, H.A. (1973). Perceptions in chess. *Cognitive Psychology*, 4, 55–81.

Chi, M., Glaser, R. and Farr, M. (eds). (1988). *The Nature of Expertise*. New Jersey: Erlbaum.

Chu, P.C. and Spires, E.E. (2001). Does time constraint on users negate the efficacy of decision support systems? *Organizational Behavior and Human Decision Processes*, 85(2), 226–49.

Clarke, M.D. (1997). The airline schedule recovery problem (technical report). Cambridge, MA: Massachusetts Institute of Technology: Operations Research Centre.

Clausen, J., Larsen, A. and Larsen, J. (2005). *Disruption Management in the Airline Industry – Concepts, Models and Methods*. Lyngby: Informatics and Mathematical Modelling, Technical University of Denmark.

Cohn, A.M. and Barnhart, C. (2003). Improving crew scheduling by incorporating key maintenance routing decisions. *Operations Research*, 51(3), 387–96.

Corner, J., Buchanan, J. and Henig, M. (2001). Dynamic decision problem structuring. *Journal of Multi-criteria Decision Analysis*, 10(3), 129–41.

Crichton, M. and Flin, R. (2002). Command decision-making. In: R. Flin and K. Arbuthnot (eds), *Incident Command: Tales from the Hot Seat*. Aldershot: Ashgate.

Croft, D.G., Banbury, S.P., Butler, L.T. and Berry, D.C. (2004). The role of awareness in situation awareness. In: S. Banbury and S. Tremblay (eds), *A Cognitive Approach to Situation Awareness: Theory and Application*. Aldershot: Ashgate.

Currey, J. and Botti, M. (2003). Naturalistic decision-making: A model to overcome methodological challenges in the study of critical care nurses' decision-making about patients' hemodynamic status. *American Journal of Critical Care*, 12(3), 206–11.

Dane, E. and Pratt, M.G. (2007). Exploring intuition and its role in managerial decision-making. *Academy of Management Review*, 32(1), 33–54.

Dastani, M., Hulstijn, J. and van der Torre, L. (2005). How to decide what to do? *European Journal of Operational Research*, 160(3), 762–84.

de Groot, A. (1978). *Thought and Choice in Chess* (2nd ed.). The Hague: Mouton (Original work).

Dreyfus, H.L. and Dreyfus, S.E. (1986). *Mind Over Machine: The Power of Human Intuition and Expertise in the Era of the Computer*. New York: The Free Press.

Endsley, M.R. (1988). Design and evaluation for situation awareness enhancement. Paper presented at the 32nd annual meeting of the Human Factors Society.

Endsley, M.R. (1995a). Toward a theory of situation awareness in dynamic systems. *Human Factors*, 37(1), 32–64.

Endsley, M.R. (1995b). Measurement of situational awareness in dynamic systems. *Human Factors*, 37(1), 65–84.

Endsley, M.R., Bolté, B. and Jones, D.G. (2003). *Designing for Situation Awareness: An Approach to User-centered Design*. London: Taylor and Francis.

Endvick, B. (1996). Strategic decision-making processes in opportunistic situations: Are entrepreneurs more comprehensive than managers? Paper presented at the Academy of Entrepreneurship, 2.

Ericsson, K.A. (2005a). Recent advances in expertise research: A commentary on the contributions to the special issue. *Applied Cognitive Psychology*, 19(2), 233–41.

Ericsson, K.A. (2005b). Superior decision-making as an integral quality of expert performance: Insights into the mediating mechanisms and their acquisition through deliberate practice. In: D.A. Montgomery, R. Lipshitz and B. Brehmer (eds), *How Professionals Make Decisions*. Mahwah, NJ: Lawrence Erlbaum Associates.

Ericsson, K.A. and Lehmann, A. (1996). Expert and exceptional performance: evidence of maximal adaption to task constraints. *Annual Review of Psychology, Annual*, 47, 273–306.

Ericsson, K.A. and Simon, H.A. (1993). *Protocol Analysis: Verbal Reports as Data* (Revised ed.). Cambridge, MA: MIT Press.

Flach, J.M. and Rasmussen, J. (2000). Cognitive Engineering: Designing for situation awareness. In: N.B. Sarter and R. Amalberti (eds), *Cognitive Engineering in the Aviation Domain*. Mahwah, NJ: Lawrence Erlbaum Associates.

Flin, R., Salas, E., Strub, M. and Martin, L. (eds). (1997). *Decision-making Under Stress: Emerging Themes and Applications*. Aldershot: Ashgate.

Flin, R., Stewart, K. and Slaven, G. (1996). Emergency decision-making in the offshore oil and gas industry. *Human Factors*, 38(2), 262–77.

Garland, D.J., Stein, E.S. and Muller, J.K. (1999). Air Traffic Controller memory: capabilities, limitations, and volatility. In: D.J. Garland, J.A. Wise and V.D. Hopkin (eds), *Handbook of Aviation Human Factors*. Mahwah, NJ: Lawrence Erlbaum Associates.

Gobet, F. and Simon, H.A. (2000). Five seconds or sixty? Presentation time in expert memory. *Cognitive Science*, 24(4), 651–82.

Goodwin, L.D. and Goodwin, W.L. (1985). Statistical techniques in AERJ articles, 1979–1983: the preparation of graduate students to read the educational research literature. *Educational Researcher*, 14(2), 5–11.

Haider, H. and Frensch, P.A. (1999). Information reduction during skill acquisition: The influence of task instruction. *Journal of Experimental Psychology: Applied*, 5(2), 129–51.

Hammond, K.R. (1993). Naturalistic decision-making from a Brunswikian viewpoint: its past, present, future. In: G. Klein, J. Orasanu, R. Calderwood and C. Zsambok (eds), *Decision-making in Action: Models and Methods*. Norwood, NJ: Ablex.

Hauss, Y. and Eyferth, K. (2003). Securing future ATM-concepts safety by measuring situation awareness in ATC. *Aerospace Science and Technology*, 7, 417–427.

Hayes-Roth, F., Waterman, D.A. and Lenat, D.B. (1983). *Building Expert Systems*. Reading, MA: Addison-Wesley.
Hedlund, J. and Sternberg, R.J. (2000). Practical intelligence: Implications for human resources research. *Research in Personnel and Human Resources Management*, 19, 1–52.
Helton, W.S. (2004). The development of expertise: Animal models? *The Journal of General Psychology*, 131(1), 86–96.
Hershey, D.A. and Walsh, D.A. (2000). Knowledge versus experience in financial problem solving performance. *Current Psychology*, 19(4), 261–91.
Hoffman, R.R., Shadbolt, N.R., Burton, A.M. and Klein, G. (1995). Eliciting knowledge from experts: A methodological analysis. *Organizational Behavior and Human Decision Processes*, 62(2), 129–58.
Hörmann, H-J. (1995). FOR-DEC: a prescriptive model for aeronautical decision-making. In: R. Fuller, N. Johnston and N. McDonald (eds), *Human Factors in Aviation Operations*. Aldershot: Ashgate.
Itoh, M. and Inagaki, T. (2004). A microworld approach to identifying issues of human-automation systems design for supporting operator's situation awareness. *International Journal of Human-computer Interaction*, 17(1), 3–24.
Janic, M. (2005). Modeling the large scale disruptions of an airline network. *Journal of Transportation Engineering*, 131(4), 249–60.
Janis, I. (1989). *Crucial Decisions: Leadership in Policymaking and Crisis Management*. New York: The Free Press.
Janis, I. and Mann, L. (1977). *Decision-making: A Psychological Analysis of Conflict, Choice, and Commitment*. New York: The Free Press.
Janney, J.J. and Dess, G.G. (2004). Can real-options analysis improve decision-making? Promises and pitfalls. *Academy of Management Executive*, 18(4), 60–75.
Jentsch, F., Barnett, J., Bowers, C. and Salas, E. (1999). Who is flying this plane anyway? What mishaps tell us about crew member role assignment and air crew situation awareness. *Human Factors*, 41(1), 1–13.
Jentsch, F., Bowers, B. and Salas, E. (2001). What determines whether observers recognize targeted behaviors in modeling displays? *Human Factors*, 43(3), 496–507.
Johnson, E.J., Payne, J.W. and Bettman, J.R. (1993). Adapting to time constraints. In: O. Svenson and A.J. Maule (eds), *Time Pressure and Stress in Human Judgments and Decision-making*. New York: Plenum Press.
Johnson, P.E., Zualkernan, I.A. and Tukey, D. (1993). Types of expertise: an invariant of problem solving. *International Journal of Man-Machine Studies*, 39, 641–65.
Kaber, D.B., Perry, C.M., Segall, N., McClernon, C.K. and Prinzel III, L.J. (2006). Situation awareness implications of adaptive automation for information processing in an air traffic control-related task. *International Journal of Industrial Ergonomics*, 36, 447–62.

Kaempf, G.L., Klein, G., Thorsden, M.L. and Wolf, S. (1996). Decision-making in complex naval command-and-control environments. *Human Factors*, 38(2), 220–31.

Kahneman, D. and Tversky, A. (1982). On the study of statistical intuitions. *Cognition*, 11(2), 123–41.

Kass, S.J., Cole, K.S. and Stanny, C.J. (2007). Effects of distraction and experience on situation awareness and simulated driving. *Transportation Research Part F: Traffic psychology and behavior*, 10(4), 321–9.

Khatrih, N. and Ng, A. (2000). The role of intuition in strategic decision-making. *Human Relations*, 53(1), 57–73.

Klahr, D. and Simon, H.A. (2001). What have psychologists (and others) discovered about the process of scientific discovery? *Current Directions in Psychological Science*, 10(3), 75–9.

Klein, G. (1993). A Recognition-primed decision (RPD) model of rapid decision-making. In: G. Klein, J. Orasanu, R. Calderwood and C. Zsambok (eds), *Decision-making in Action: Models and Methods*. Norwood, NJ: Ablex.

Klein, G. (1997). The current status of the naturalistic decision-making framework. In: R. Flin, E. Salas, M. Strub and L. Martin (eds), *Decision-making Under Stress: Emerging Themes and Applications*. Aldershot: Ashgate.

Klein, G. (1998). *Sources of Power: How People Make Decisions*. Cambridge: MIT Press.

Klein, G. (2001). Understanding and supporting decision-making. *Information, Knowledge, Systems Management*, 2, 291–6.

Klein, G. (2003). *The Power of Intuition*. New York: Doubleday.

Klein, G. and Klinger, D. (1991). Naturalistic decision-making. *Crew system ergonomics information center (CSERIAC) Gateway*, 2(1), 1–4.

Klein, G. and Weick, K.E. (2000). Decisions. *Across the Board*, 37(6), 16–22.

Kleindorfer, P.R., Kunreuther, H.C. and Schoemaker, P.J.H. (1993). *Decision Sciences: An Integrative Perspective*. New York: Cambridge University Press.

Kohl, N., Larsen, A., Larsen, J., Ross, A. and Tiourine, S. (2007). Airline disruption management – Perspectives, experiences and outlook. *Journal of Air Transport Management*, 13, 149–62.

Lederer, P.J. and Nambimadom, R.S. (1998). Airline Network Design. *Operations Research*, 46(6), 785–804.

Lettovsky, L. (1997). *Airline Operations Recovery: An Optimization Approach. Ph.D. Thesis.* Georgia Institute of Technology, Atlanta, GA.

Lettovsky, L., Johnson, E.L. and Nemhauser, G.L. (2000). Airline crew recovery. *Transportation Science*, 34(4), 337–48.

Leybourne, S. and Sadler-Smith, E. (2006). The role of intuition and improvisation in project management. *International Journal of Project Management*, 24, 483–92.

Lipshitz, R. (1993). Converging themes in the study of decision-making in realistic settings. In: G. Klein, J. Orasanu, R. Calderwood and C. Zsambok (eds), *Decision-making in Action: Models and Methods*. Norwood, NJ: Ablex.

Lohatepanont, M. and Barnhart, C. (2004). Airline schedule planning: Integrated models and algorithms for schedule design and fleet assignment. *Transportation Science*, 38(1), 19–32.

Lord, R.G. and Maher, K.J. (1993). *Leadership and Information Processing: Linking Perceptions and Performance*. New York: Routledge.

Marsh, B., Todd, P.M. and Gigerenzer, G. (2004). Cognitive heuristics: Reasoning the fast and frugal way. In: J.P. Leighton and R.J. Sternberg (eds), *The Nature of Reasoning*. New York: Cambridge University Press.

Mather, J. (1989). Beyond CRM to decisional heuristics: An airline generated model to examine accidents and incidents caused by crew errors in deciding. Paper presented at the Fifth International Symposium on Aviation Psychology, Ohio State University.

Matthews, M.D., Strater, L.D. and Endsley, M.R. (2004). Situation awareness requirements for infantry platoon leaders. *Military Psychology*, 16(3), 149–61.

Maule, A.J., Hockey, G.R.J. and Bdzola, L. (2000). Effects of time-pressure on decision-making under uncertainty: changes in affective state and information processing strategy. *Acta Psychologica*, 104(3), 283–301.

McLucas, A.C. (2003). *Decision-making: Risk Management, Systems Thinking and Situation Awareness*. Canberra: Argos Press.

Means, B., Salas, E., Crandall, B. and Jacobs, T. (1993). Training decision-makers for the real world. In: G. Klein, J. Orasanu, R. Calderwood and C. Zsambok (eds), *Decision-making in Action: Models and Methods*. Norwood NJ: Ablex.

Miles, M.B. and Huberman, A.M. (1994). *Qualitative Data Analysis* (2nd ed.). Thousand Oaks: Sage Publications Inc.

Niessen, C. and Eyferth, K. (2001). A model of the air traffic controller's picture. *Safety Science*, 37(2–3), 187–202.

Nutt, P. (1989). *Making Tough Decisions*. San Francisco, CA: Jossey-Bass.

Nutt, P. (1999). Surprising but true: Half the decisions in organizations fail. *Academy of Management Executive*, 13(4), 75–90.

O'Brien, K.S. and O'Hare, D. (2007). Situational awareness ability and cognitive skills training in a complex real-world task. *Ergonomics*, 50(7), 1064–91.

O'Hare, D. (1997). Cognitive ability determinants of elite pilot performance. *Human Factors*, 39(4), 540–52.

Orasanu, J. and Connolly, T. (1993). The reinvention of decision-making. In: G. Klein, J. Orasanu, R. Calderwood and C. Zsambok (eds), *Decision-making in Action: Models and Methods*. Norwood, NJ: Ablex.

Ordonez, L. and Benson, L. (1997). Decisions under time pressure: How time constraint affects risky decision-making. *Organizational Behavior and Human Decision Processes*, 71(2), 121–40.

Payne, J.W., Bettman, J.R. and Johnson, E.J. (1990). The adaptive decision-maker: Effort and accuracy in choice. In: R.M. Hogarth (ed.), *Insights in Decision-making*. Chicago: The University of Chicago Press.

Prince, C., Ellis, E., Brannick, M.T. and Salas, E. (2007). Measurement of team situation awareness in low experience level aviators. *International Journal of Aviation Psychology 2007*, 17(1), 41–57.

Rapajic, J. (2009). *Beyond Airline Disruptions*. Aldershot: Ashgate.

Rastegary, H. and Landy, F.J. (1993). The interactions among time urgency, uncertainty, and time pressure. In: O. Svenson and A.J. Maule (eds), *Time Pressure and Stress in Human Judgment and Decision-making*. New York: Plenum Press.

Roberts, M.J. (2004). Heuristics and reasoning 1. In: J.P. Leighton and R.J. Sternberg (eds), *The Nature of Reasoning*. New York: Cambridge University Press.

Robertson, M.M. and Endsley, M.R. (1995). The role of crew resource management (CRM) in achieving team situation awareness in aviation settings. In: R. Fuller, N. Johnston and N. McDonald (eds), *Human Factors in Aviation Operations*. Aldershot: Ashgate.

Rosenberger, J.M., Johnson, E.L. and Nemhauser, G.L. (2003). Rerouting aircraft for airline recovery. *Transportation Science*, 37(4), 408–21.

Rosenberger, J.M., Schaefer, A.J., Goldsman, D., Johnson, E.L., Kleywegt, A.J. and Nemhauser, G.L. (2002). A stochastic model of airline operations. *Transportation Science*, 36(4), 357–77.

Russo, J.A. (2006). Experience, learning, and the process of expert development. *International Advances in Economic Research*, 12, 261–75.

Sadler-Smith, E. and Shefy, E. (2004a). The intuitive executive: Understanding and applying 'gut feel' in decision-making. *Academy of Management Executive*, 18(4), 76–91.

Sadler-Smith, E. and Shefy, E. (2004b). Professional standards research: developing intuition. *People Management,* 51–2.

Sadler-Smith, E. and Shefy, E. (2007). Developing intuitive awareness in management education. *Academy of Management Learning and Education*, 6(2), 186–205.

Salas, E., Prince, C., Baker, D.P. and Shrestha, L. (1995). Situation awareness in team performance: implications for measurement and training. *Human Factors*, 37(1), 123–36.

Sarter, N.B. and Woods, D.D. (1991). Situation awareness: A critical but ill-defined phenomenon. *The International Journal of Aviation Psychology*, 1(1), 45–57.

Scott, S. and Bruce, R. (1995). Decision-making style: The development and assessment of a new measure. *Educational and Psychological Measurement*, 55(5), 818–31.

Selnes, F. and Troye, S.V. (1989). Buying expertise, information search and problem solving. *Journal of Economic Psychology*, 10, 411–28.

Shafir, E., Simonson, I. and Tversky, A. (1997). Reason-based choice. In D.K. Goldstein and R.M. Hogarth (eds), *Research on Judgment and decision-making: Currents, Connections and Controversies*. New York: Cambridge University Press.

Shanteau, J., Weiss, D.J., Thomas, R.P. and Pounds, J.C. (2002). Performance-based assessment of expertise: How to decide if someone is an expert or not. *European Journal of Operational Research*, 136(2), 253–63.

Simon, H.A. (1976). *Administrative Behavior: A Study of Decision-making Process in Administrative Organizations* (4th ed.). New York: Free Press.

Simon, H.A. (1982). *Models of Bounded Rationality*. Cambridge, MA: MIT Press.

Simon, H.A. (1986). Alternative visions of rationality. In: H.R. Arkes and J.S. Hammond (eds), *Judgment and Decision-making: An Interdisciplinary Reader*. Cambridge: University of Cambridge.

Simon, H.A. (1987). Making management decisions: The role of intuition and emotion. *The Academy of Management Executive*, 1, 57–64.

Simon, H.A. and Chase, W. (1973). Skill in chess. *American Scientist*, 61, 394–403.

Sohn, Y.W. and Doane, S.M. (2004). Memory processes of flight situation awareness: interactive roles of working memory capacity, long-term working memory, and expertise. *Human Factors*, 46(3), 461–75.

Sonenshein, S. (2007). The role of construction, intuition, and justification in responding to ethical issues at work: The sensemaking-intuition model. *Academy of Management Review*, 32(4), 1022–40.

Sonnenwald, D.H., Maglaughlin, K.L. and Whitton, M.C. (2004). Designing to support situation awareness across distances: an example from a scientific collaboratory. *Information Processing and Management*, 40, 989–1011.

Soumis, F., Ferland, J.A. and Rousseau, J-M. (1980). A model for large-scale aircraft routing and scheduling problems. *Transportation Research Part B*, 14, 191–201.

Sriram, C. and Haghani, A. (2003). An optimization model for aircraft maintenance scheduling and re-assignment. *Transportation Research Part A*, 37, 29–48.

Stewart, T.A. (2006). Did you ever have to make up your mind? *Harvard Business Review*, 84(1), 12.

Talluri, K.T. (1996). Swapping applications in a daily airline fleet assignment. *Transportation Science*, 30(3), 237–44.

Todd, P.M. and Gigerenzer, G. (2000). Précis of simple heuristics that make us smart. *Behavioral and Brain Sciences*, 23, 727–80.

Tversky, A. and Kahneman, D. (1982). Judgment under uncertainty: Heuristics and biases. In: D. Kahneman, P. Slovic and A. Tversky (eds), *Judgment Under Uncertainty: Heuristics and Biases*. New York: Cambridge University Press.

Tversky, A. and Kahneman, D. (1985). The framing of decisions and the psychology of choice. In: G. Wright (ed.), *Behavioral Decision-making*. New York: Plenum Press.

van den Bosch, K. and Helsdingen, A.S. (2002). Improving tactical decision-making through critical thinking. Paper presented at the Human Factors and Ergonomics Society, Baltimore, MA.

Vaughan, F.E. (1979). *Awakening Intuition*. New York: Anchor Books.

Watson, S. (1992). The presumptions of prescription. *Acta Psychologica*, 80(1–3), 7–31.

Weiss, D.J. and Shanteau, J. (2003). Empirical assessment of expertise. *Human Factors*, 45(1), 104–16.

Wiegman, D.A., Goh, J. and O'Hare, D. (2002). The role of situation assessment and flight experience in pilots' decisions to continue visual flight rules flight into adverse weather. *Human Factors*, 44(2), 189–97.

Wong, B.L.W. (2000). The integrated decision model in emergency dispatch management and its implications for design. *Australian Journal of Information Systems*, 2(7), 96–101.

Wu, C.L. (2010). *Airline Operations and Delay Management: Insights from Airline Economics, Networks and Strategic Schedule Planning*, Aldershot: Ashgate.

Yan, S. and Tu, Y. (1997). Multifleet routing and multistop flight scheduling for schedule perturbation. *European Journal of Operational Research*, 103, 155–69.

Yan, S. and Yang, D.H. (1996). A decision support framework for handling schedule perturbation. *Transportations Research,* B30(6), 405–19.

Yates, J. (1993). The opportunity of qualitative research. *The Journal of Business Communication*, 30(2), 199–200.

Yates, J.F., Veinott, E.S. and Patalano, A.L. (2003). Hard decision, bad decisions: On decision quality and decision aiding. In: S. Schneider and J. Shanteau (eds), *Emerging Perspectives on Judgment and Decision Research*. New York: Cambridge University Press.

Understanding Decision-making Processes in Airline Operations Control ISBN: 9781138247925
Which is authored/edited by Peter J. Bruce (hereinafter called the "Work")
Copyright © 2011 Peter Bruce
Authorized translation from English language edition published by Routledge, a number of the Taylor &Francis Group. All Rights Reserved. 本书原版由Taylor & Francis出版集团旗下，Routledge 出版公司出版，并经其授权翻译出版。版权所有，侵权必究。
China Worker Publishing House is authorized to publish and distribute exclusively the Chinese (Simplified Characters) language edition. This edition is authorized for sale throughout Mainland of China. No part of the publication may be reproduced or distributed by any means, or stored in a database or retrieval system, without the prior written permission of the publisher. 本书中文简体翻译版授权由中国工人出版社独家出版并仅限在中国大陆地区销售，未经出版者书面许可，不得以任何方式复制或发行本书的任何部分。
Copies of this book sold without a Taylor & Francis sticker on the cover are unauthorized and illegal. 本书封面贴有Taylor & Francis公司防伪标签，所有不含Taylor & Francis防伪标签的图书均为非法盗版。

图书在版编目（CIP）数据

理解航空公司运行控制中的决策过程 /（英）彼得·J.布鲁斯著；于航译.
—北京：中国工人出版社，2020.2
ISBN 978-7-5008-7347-1

Ⅰ.①理… Ⅱ.①彼… ②于… Ⅲ.①航空公司—企业管理—风险管理 Ⅳ.①F560.6

中国版本图书馆CIP数据核字（2020）第031190号

著作权合同登记号：京权图字01-2018-4098

理解航空公司运行控制中的决策过程

出版人	王娇萍
责任编辑	冀 卓
责任印制	栾征宇
出版发行	中国工人出版社
地　址	北京市东城区鼓楼外大街45号　邮编：100120
网　址	http://www.wp-china.com
电　话	（010）62005043（总编室）（010）62005039（印制管理中心） （010）82075935（职工教育分社）
发行热线	（010）62005996　（010）82029051
经　销	各地书店
印　刷	三河市万龙印装有限公司
开　本	710毫米×1000毫米　1/16
印　张	11.5
字　数	181千字
版　次	2020年7月第1版　2020年7月第1次印刷
定　价	42.00元

本书如有破损、缺页、装订错误，请与本社印制管理中心联系更换
版权所有 侵权必究